「園芸店で買った花」を
すぐ枯らさない知恵とコツ

主婦の友社編

「園芸店で買った花」をすぐ枯らさない知恵とコツ

目次

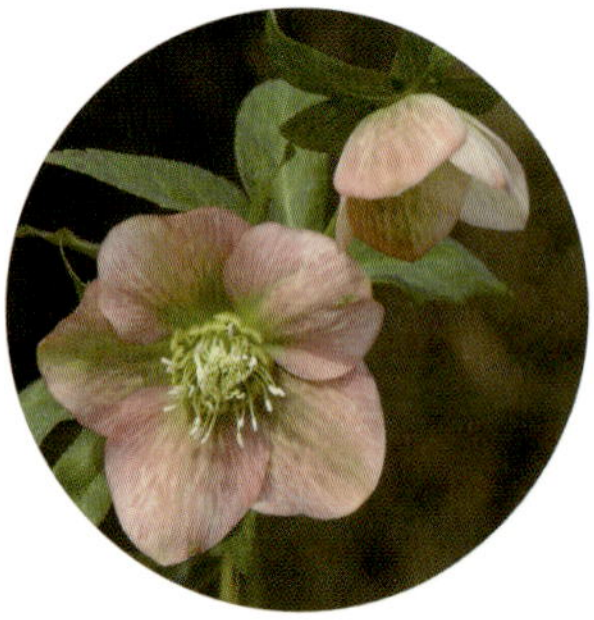

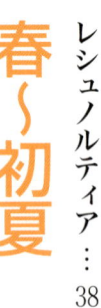

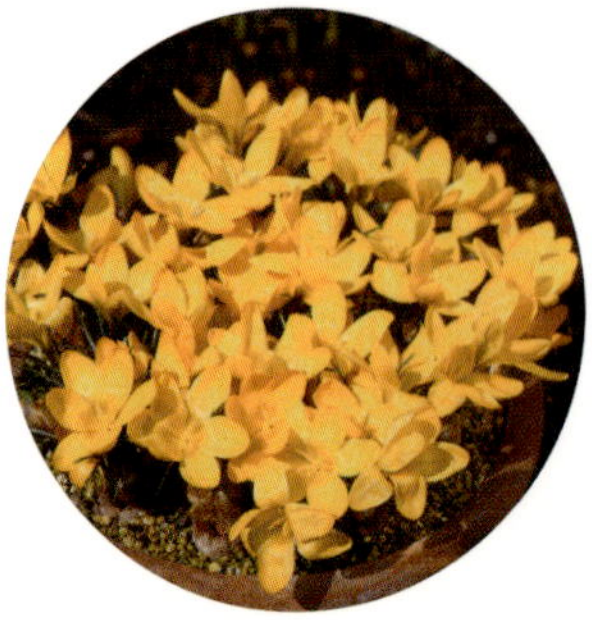

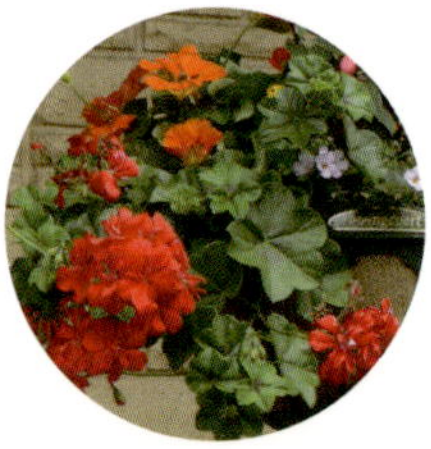

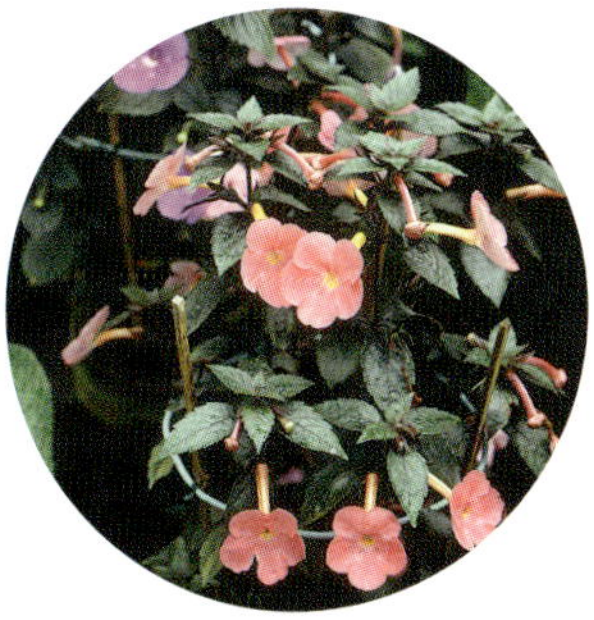
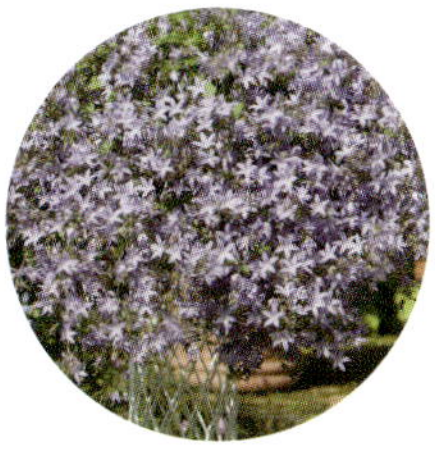
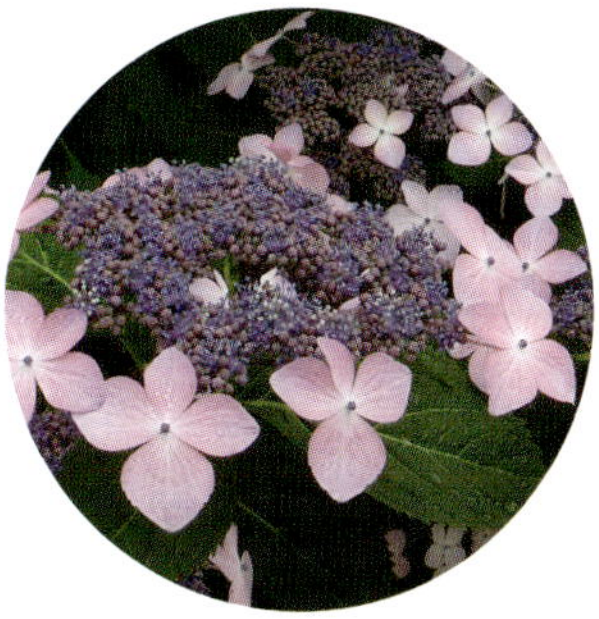
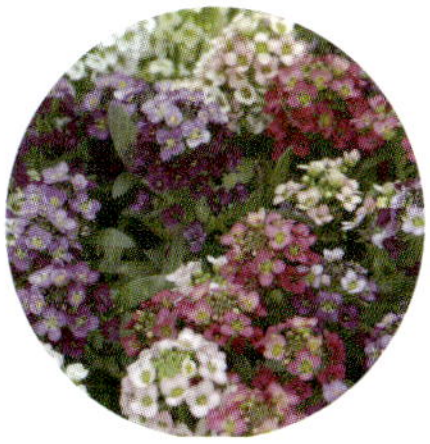

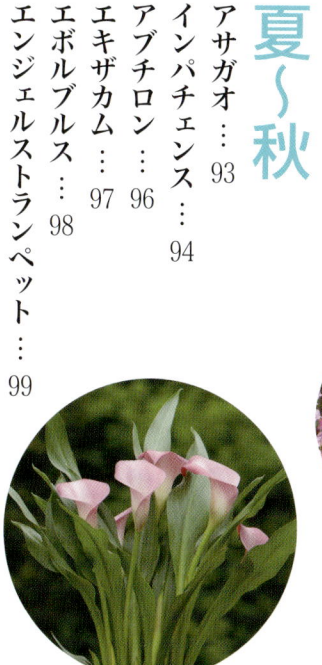

夏～秋

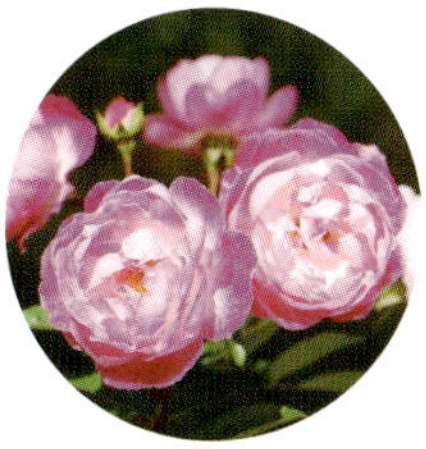
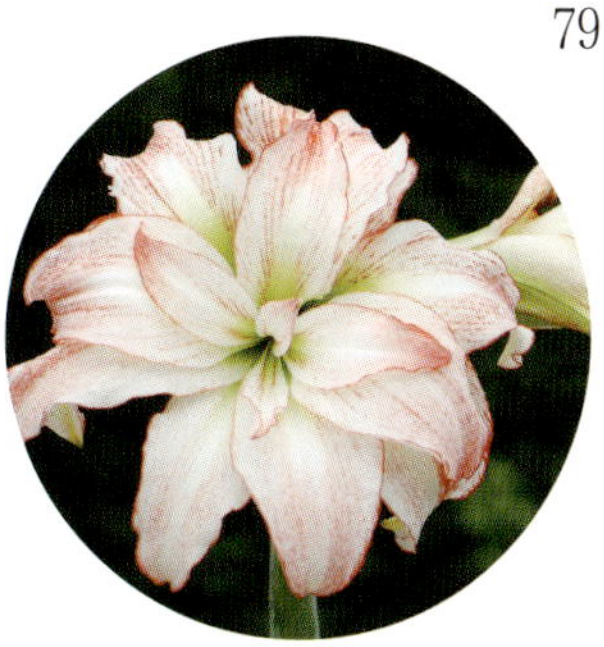
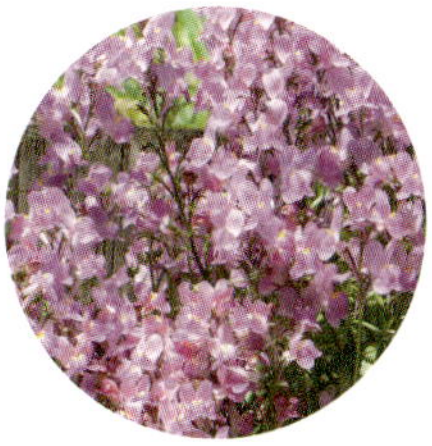
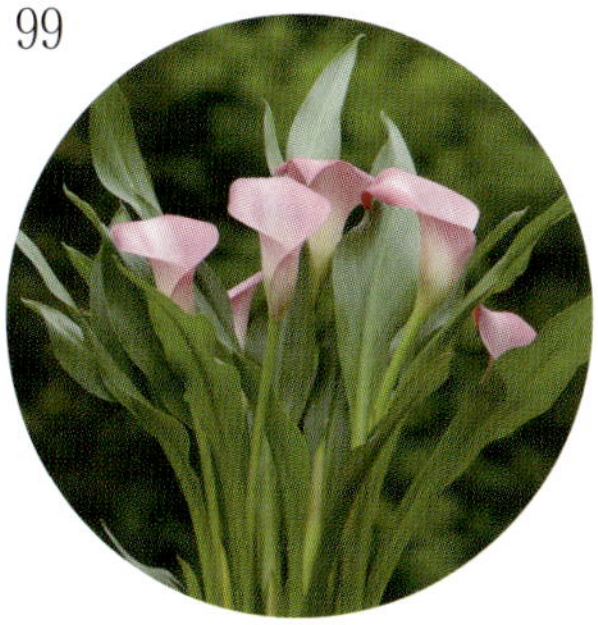

冬

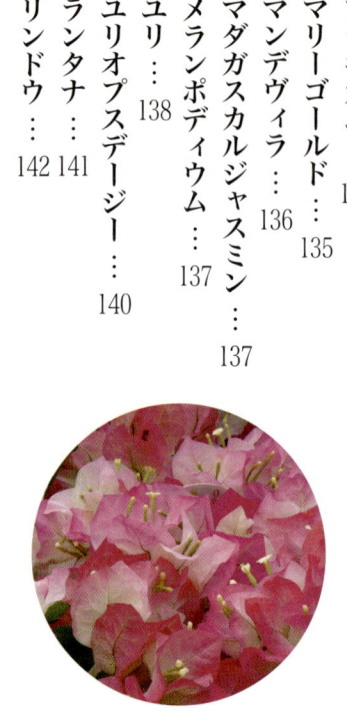

家庭で楽しまれているその他の鉢花…169

はじめての鉢花園芸 基礎知識…181

鉢やコンテナで花を楽しもう！

広い庭がなくても、鉢やプランターに花を植えるだけで、
手軽にミニガーデンが楽しめます。
一度あなたもチャレンジしてみませんか？

鉢で花を楽しむ

鉢やプランターを利用すると、庭がなくてもアプローチ、テラス、ベランダ、窓辺、室内など、どんな場所でも花が楽しめます。

鉢植えだとどんな場所でも育てられる

鉢植えだと簡単に置き場所を移動できるので、寒さに弱い植物は冬の間、室内や軒下などにとり込むことが可能です し、夏の間、日陰を好む植物は、木の下や家の北側の日当たりのあまり強くない場所に移してやれます。庭がない場合や、あまり日が当たらない庭、庭土があまりよくないなどの場合も、鉢やコンテナに植えることによって、どなたでも花が気軽に楽しめます。

水やりには気をつけよう

鉢植えは鉢という限られた条件の中で育てるのですから、庭植え以上に気をつけなければいけないこともあります。特に水やりは注意したい点です。基本は鉢土の表面が乾きかけたら鉢底から水が流れ出すまで、たっぷりと与えるようにします。水やりのコツはと聞かれて、「植物がほしがったら与えるようにします」という花好きの達人の方がいましたが、それまでになるにはとてもたいへんなことです。水やり名人になるには毎日、愛情をもって眺めてやることがいちばんの早道です。水や肥料をたっぷり与えているのに、花が咲かないという方がいますが、多く与えればよいというものではありません。特に冬の水のやりすぎは、根腐れの原因になるので注意してください。

バラエティーに富んだ鉢やプランター

鉢やプランターの形はいろいろなものが市販されているので、目的に応じたものを選ぶようにします。形はもちろんですが、材質によっても管理法がかなり変わってきます。プラスチック鉢は鉢土が乾燥しづらいのですが、素焼き鉢はとても乾きやすいので、水やりに注意が必要です。また、根がまっすぐ下に伸びる植物は深めの鉢がよいでしょう。

場所別に楽しむ
コンテナガーデン

1

カスミソウとナスタチウムの大鉢の寄せ植え、ナスタチウムの単体の寄せ植えを門扉の前に置き、門扉にパンジー、ビオラのハンギングバスケットを掛けて賑やかにお客さまを迎える

門まわり

門は訪れる人が最初に出会う部分で、住む人をしのばせるところです。

訪れた人の心が和むような雰囲気づくりを心がけ、味気のない門や扉を花で飾ってみましょう。コンテナやハンギングを使って空間を生かすと、住む人はもちろん、道行く人たちも楽しめます。

2

オープンスタイルにして、道路との間にコンテナを置き、花を楽しむ空間を演出した

3

門扉の前にデージーとビオラ、ハボタン、キンセンカ‘冬知らず’の寄せ植えを一鉢置くだけでも華やかになる

4

門扉によく合った大きなハンギングバスケットを吊り下げて門のアクセントにする

5

門の袖壁をくりぬいて、鉢台にし、門柱からペチュニアを垂らし、コバノランタナの大鉢を置いて門のまわりを彩る

玄関まわり

　住まいの顔ともいわれる玄関は、お客さまに家の雰囲気を伝えるとともに、家族にとっても日々の暮らしの印象を左右する大事な場所です。

　毎日出入りする場所ですから、扉の開け閉めの邪魔にならないよう、コンテナの数や配置に注意し、シンプルに演出しましょう。

1

リース形のハンギングバスケットに、ガーデンシクラメン、ミニハボタン、プリムラなどを植え込んでドアに掛けた華やかなリース。根がついたリースで、花持ちがよい

2

葉色が美しいホスタ。ホスタは日陰でも育つので、あまり日の当たらない玄関でもシックですてきに演出できる

3

ドアの両側にハンギングバスケットを掛けた玄関。壁沿いのトレリスにからませたバラが満開になれば、なお華やかに

4

ミニコンサバトリーとチューリップの鉢植えを置いてデッドスペースをセンスよく飾る

5

同じ素材のコンテナに同じ植物を植え込んで、対にして玄関に置くと、フォーマルな印象を与える

1

庭の奥に続くアプローチ。無造作に置かれたコンテナだが、テラコッタの大小の鉢で統一され、散漫さは感じない

アプローチ

門から玄関まで続く通路部分をアプローチといいますが、ここはお客さまが訪問するときの気持ちを整える場所。たとえ小さなスペースでも四季の草花の彩りを添えて、訪れる人の目を楽しませましょう。

アプローチの見た目の美しさは、住まいに個性と表情を与えます。

2

コンクリートのたたきなので、鉢を直に置かずスタンドやレンガで通風をよくしている

3

葉色と葉形の異なるコリウスだけで統一し、落ち着いた印象を与える

4

トリアシショウマやユーフォルビア、スイセンノウなどの草丈の高い植物の前に小型のホスタやカンパニュラなどのコンテナを置いて、奥行き感を出す

5

階段になっているアプローチ。重量のある安定性のよいコンテナを選んで、寄せ植えをつくっている

6

華やかな花壇に負けない色のバラの鉢花で、訪れる人の目をひきつける

窓辺・壁面

窓辺とそのまわりの壁面は、住まいの中でも特に目につく場所です。ウインドウボックスやハンギングバスケットを使って個性的に演出された窓辺や壁面は、道行く人の目も楽しませます。建物とのバランスを考えて、植物を選びましょう。つる性の下に垂れる植物を使うと効果的です。

1

カスミソウの真上にくるように、ペチュニアやディアスキアなどを寄せ植えした壁掛けポットを配置して一体感をはかり、更に華やかに演出した

2

オリズルランやアスパラガスなどの観葉植物をとり入れて、夏らしく装った壁掛けポット

3

壁面の一部を切りとり、コンテナを置き、内側の庭の様子も見られるように工夫した壁面

4

ローズマリーにビオラを配した寄せ植え。ビオラの花が終ったらローズマリーはそのままに、リメイクしながら、季節の花を楽しむ

5

窓枠に合わせて花台を手づくりして、こんもり咲くミニダリアやマリーゴールド、矮性のキンギョソウを飾る

6

窓枠と同じ色のおしゃれなウインドウボックスに、ゼラニウムやアイビーを植え込んで、シックな窓辺を上品に飾る

ベランダ・デッキ・テラス

色味が少ない殺風景なベランダやバルコニー、また、アウトドアリビングとして楽しみたいデッキやテラスなどの限られた空間で花を楽しむときは、フラワースタンドやトレリスなどを利用して立体的に飾ります。

ただし、圧迫感が出ないように、余裕をもって飾るようにしましょう。

1

ベランダで華やかなバラを楽しむ。ハンギング用のグッズを利用して立体的に飾り、同時に通風をはかる

2

パンジーやビオラのコンテナで、ウッドデッキが華やぐ

3

ベランダの手すりがコンクリートで光が入らないような場合は、花台を利用してコンテナを置けば、十分花が楽しめる

4

広いテラスなら、
大鉢植えのアナ
ベルも楽しめる

5

あまり日の当たらないテラスは、ヒューケラやギボウシ、ツワブキ、
シダ類を飾る場所に最適。その際も、奥から手前に高さを揃えていく

6

シンプルなトレリスを配
置し、トレリスにハンギ
ングバスケットを掛けた
り、花を飾るだけのテラ
スも楽しい

寄せ植え・ハンギングバスケット

季節感を演出し、空間を華やかに彩る寄せ植えやハンギングバスケットは、庭がなくてもおしゃれに楽しめる、コンテナガーデンの花形です。草花の組み合わせとともに、どこに飾るかを考えてつくります。

その場所がすてきに演出できるよう、センスよくまとめます。

1

ペチュニア、ロベリア、バコパ、ナスタチウムなどの豪華なハンギングバスケット

2

壁掛けタイプのウォールポットを利用した、ハボタンやカルーナなど、ピンク～紫の色調でシックにまとめた作品

3

花色の異なるカリブラコアを寄せ植えにしたハンギングバスケット。緑の木々の中でひときわ目を引く

4

サンドプランターに高原をイメージしてルドベキアやトレニア、ニーレンベルギア、トウワタ、ペニセツムなどを寄せ植えした作品

6

ペチュニアとコリウスの花色・葉色を変えて、同じように植え込んで対にした楽しい寄せ植え

7

パンジーを中心にエレモフィラ、ジプソフィラを彩りよく配置し、アイビーを垂らして動きをつけた花車

5

チューリップ、ヒアシンス、ムスカリ、アネモネなどの球根類にキンセンカ‘冬知らず’を植え込んだ寄せ植え

＊＊＊＊＊　本書の使い方　＊＊＊＊＊

●本書は、これから鉢花や花蕾つきの苗を購入する人のために、じょうずな買い方、効果的な楽しみ方のヒント、さらに購入後、どう管理したら長く花を楽しむことができるか、植物別にわかりやすく解説したものです。これまで育てたことのない植物を目の前にすると、どう扱ったらよいかわからず、購入するのをあきらめてしまいがちなものですが、本書を参考に、ぜひお好きな鉢花にチャレンジしてください。

●解説は、置き場所、水やり、肥料など、購入後の管理全般にわたっていますが、末尾に「ここがポイント」の項目を設け、特に注意したい管理の要点をまとめました。

●非耐寒性と記した植物は、戸外での冬越しが困難で、できれば７～１０度以上の温度を必要とするもの。また、半耐寒性と記した植物は、霜や寒風を避け、鉢土が凍らないよう保護しさえすれば、どうにか戸外でも冬越しできると思われる植物です。しかし、これはあくまで目安ですので、個々の環境に合わせ、適切な冬越し法を心がけてください。

＊＊＊＊＊　栽培カレンダーの見方　＊＊＊＊＊

●月別の管理の要点をあげましたが、季節に関しては東京地方から東海、近畿地方を目安としています。地域によっては、これより１カ月以上の早い、遅いが出ることもありますので、ご了承ください。

●開花期は、家庭で栽培した場合の自然開花期を基本としました。促成栽培による開花株が店頭に並ぶ「出回り時期」とは異なるケースが多いので、ご了解願います。

●置き場所は、戸外のひなた、木もれ日が当たる程度の半日陰、直射日光が当たらない日陰、室内の窓辺、明るい室内など、その植物が元気に生育できるための日照条件を季節別に記載しています。

●植えつけ・植えかえは購入した苗の植えつけ適期、多年草や花木類では、花後や次年度の植えかえ適期を示しています。株分けができる種類では、この時期が株分け作業の適期でもあります。

●手入れの頃では、「花がら摘み」や「切り戻し」など、できるだけ美しい状態を長く維持するための作業や、球根であれば休眠後の「堀り上げ」といった翌年も楽しむための作業時期を示しています。

楽しみ方、
育て方のコツが
すぐわかる！

人気の鉢花カタログ169

早春

春～初夏

夏～秋

冬

クリスマスローズ

半日陰で楽しめる人気の多年草

別名
ヘレボラス（属名）

科名
キンポウゲ科

分類
耐寒性常緑多年草

●栽培カレンダー

月	1	2	3	4	5	6	7	8	9	10	11	12
開花期		■	■	■								
置き場所	ひなた（西日は避ける）				半日陰					ひなた（西日は避ける）		
植えつけ・植えかえ						株分けもこの時期が適期				■		
手入れ											古葉とり	

八重咲きピンク系

厳しい冬の間も、がっしりした葉の間から下向きに顔を出す花は風情があり、たくましさを感じさせます。ただし、夏の暑さは嫌います。ほどほどに耐陰性があるため、とかく日陰ができやすい都会地の小庭でも、十分に楽しむことができます。

●系統、品種のいろいろ

大半の葉が地ぎわからあらわれるものにニゲル、オリエンタリス系の交配種などがあります。特にガーデンハイブリッドは花形、花色も豊富で、八重咲きの花もあります。また、茎が立ち上がって多数の花をつけるものでは、リビダス、アウグチフォリウス、フェチダスなどが出回っています。

●買い方、選び方

10月ごろからガーデンセンターなどで売り出されるポット入りの2年生苗を購入すると安価ですが、園芸種は個体によって花色や花形の変異が非常に大きいので、1月から3月くらいにかけて売り出される開花株を、花を確認して購入することをおすすめします。株を選ぶときは、なるべく葉が傷んでいない株で、鉢を手にとったとき、ぐらぐらしないしっかり根が張ったものを選びます。

●楽しみ方

花の変異がおもしろいので、コレクションする楽しみがあります。2年に1回、鉢がえをして大株に仕立てると豪華です。また、庭があれば、落葉樹の下など、夏の間、半日陰となるような場所に植えるとよいでしょう。クリスマスローズはヨーロッパ生まれです

クリスマスローズの鉢植え

‘ルーセブラック’

‘ルーセホワイト’

アプリコット系

‘ジョセフレンパー’

フェチダス

八重咲き品種‘ミセス ベティラニカー’

が、和風の庭にもよく合う雰囲気を備えています。

●失敗しない管理のコツ

置き場所　10月中旬から翌年の5月中旬までは、日光が十分に当たる(ただし、西日は避ける)場所に置き、そのほかの季節は、午前中の日光が2〜3時間だけ当たるような半日陰で管理します。

水やり　水は四季を通じて、鉢土の表面が乾いたらたっぷりと与えます。多湿は病気のもとにもなるので注意します。

肥料　秋(10月)に植えかえる場合は、緩効性化成肥料を元肥として施します。その後は追肥として翌年4月までの間、IB化成などの置き肥を2カ月に1回ほどの割合で与え、さらに1000倍液肥を7日に1回、与えます。6月から9月までは、施肥の必要はありません。

●花が終わったら

花のように見えるのは萼片《がくへん》なので、長く枝上に残ります。ただし、タネを結ぶと株が疲れるので、萼が茶色になり始めたら早めにとり除きます。根が旺盛に伸びるので、2年に1回植えかえをします。適期は10月です。

ここがポイント

①できるだけ夏を涼しく過ごさせます。
②11〜12月に古い葉をつけ根から切りとり、花茎が立ち上がりやすくします。
③2年に1回、植えかえをします。

クリサンセマム

株を覆うように花を咲かせる

パルドサム‘ノースポール’

ムルチコーレ

科名	分類
キク科	秋まき一年草

●栽培カレンダー

月	1	2	3	4	5	6	7	8	9	10	11	12
開花期												
置き場所				ひなた								
植えつけ・植えかえ												
手入れ												

春から初夏にかけて、鉢植えやコンテナガーデンに用いられるポピュラーな花で、次々と花を咲かせて楽しませてくれます。一般によく栽培されているのが、純白で花芯が黄色のパルドサム、黄色い小花をつけるムルチコーレ、赤、黄、紫、白などが蛇の目で入る、華やかな花色のカリナタムがあります。

●買い方、選び方、楽しみ方

2～3月ごろにポット苗が出回ります。伸びすぎたものや、下葉が黄色になったものは避けるようにします。鉢植えのほか、コンテナやハンギングバスケットに寄せ植えして観賞します。

●失敗しない管理のコツ

戸外の日当たりのよいところに置きます。早春に買い求めたら、霜に当てたり、凍らさないように注意します。鉢土の表面が乾いたらたっぷりと水やりします。ムルチコーレは根腐れしやすいので、受け皿に水をためないようにします。肥料は開花中に、月に2回くらい液肥を施します。春先にアブラムシが発生しやすいので、株元に月に2回、オルトラン粒剤をまいて防除します。

パルドサム‘ノースポール’の鉢植え

ここがポイント

①春にアブラムシが発生しやすいので、オルトラン粒剤を株元にまいて、防除します。

②ムルチコーレは霜に弱いので、早植えには注意が必要です。

クロッカス

手軽に楽しめる小球根

'アードシェング'

'マンモス イエロー'

別名	科名	分類
ハナサフラン	アヤメ科	秋植え球根

●栽培カレンダー

月	1	2	3	4	5	6	7	8	9	10	11	12
開花期		■	■									
置き場所	■	■	■ ひなた	■	■	■			■	■	ひなた ■	■
植えつけ・植えかえ									■	■		
手入れ						掘り上げ						

春を待ちかねたように真っ先に咲く小球根の代表的な植物です。春咲き、秋咲き、冬咲き種などがありますが、一般的に流通しているのは、主に春咲き種です。

●買い方、選び方、楽しみ方

球根をよく見て、かためで、外皮が破れていないものを選びます。容器栽培やネット栽培などで観賞します。また、芝生に植えつけてもよく映えます。

●失敗しない管理のコツ

9月下旬~10月に、水はけのよい砂質壌土か赤玉土の配合土で植えつけます。5号鉢に5~6球を目安に、球根が見えるくらいの浅植えにします。十分に水をやって発芽を待ち、その後は鉢土の表面が乾いたら水を与えるようにします。肥料は発芽したら液肥を月2回程度施します。

●花が終わったら

花茎ごと花を抜きとり、固形肥料を置き肥して球根の充実を図ります。葉が黄色に変わったら掘り上げ、日陰で乾燥させ、古い葉や根をはずしてから涼しい場所で秋まで保管します。

ここがポイント

①秋に植えつけますが、部屋にとり入れる場合でも、12月いっぱいまでは戸外で管理し、寒さに当てるようにします。

②花後は、花茎ごと花を抜きとり、固形肥料を置き肥します。

クロッカスのコンテナ植え

スイセン

寒中に咲く気高い花姿

別名
ダッフォデル

科名
ヒガンバナ科

分類
秋植え球根

●**栽培カレンダー**

月	1	2	3	4	5	6	7	8	9	10	11	12
開花期	■	■	■	■								■
置き場所	ひなた	ひなた	ひなた	ひなた	ひなた		日陰に貯蔵	日陰に貯蔵	日陰に貯蔵	ひなた	ひなた	ひなた
植えつけ・植えかえ									■	■		
手入れ						掘り上げ						

まだ寒い冬のさなかから咲き始める花姿は凛として、ほかの球根草花とはひと味違った気品を感じさせます。

●系統、品種のいろいろ

栽培の歴史が古く、膨大な数の園芸品種がありますが、2つのグループに大別されます。ひとつは早咲きで房咲きとなる日本ズイセン、もうひとつは3～4月に咲くラッパズイセン、大杯ズイセン、小杯ズイセン、口紅ズイセンなどです。また、近年はキクラミネウス、バルボコディウムといった原種のスイセンもよく栽培されるようになりました。

●買い方、選び方

鉢花で求めるときは、葉が伸びすぎて垂れ下がっているものは避け、葉が締まって、つぼみが伸び出しているものを選びます。秋に球根を求めるときは、形が扁平で小さな球根は花が咲かないことがあるので、大きくて丸く充実した重い球根を選びます。芽の出る上部を押してみてやわらかいものや、カビが生えていたり傷があるものは避けます。

●楽しみ方

種類が豊富で花期も12～4月と幅広いため、品種や花色を分けて植え込めば、各品種ごとの花が長く楽しめます。地植えはもちろん、コンテナなどでやさしい香りを楽しみます。

●失敗しない管理のコツ

植えつけ　適期は9月下旬～10月。根が深く伸びるので、鉢植えの場合は深鉢を使用し、球根の頭が隠れるくらいの浅植えにします。

置き場所　植えつけ後はなるべくよく日の当たる場所に置きます。寒さに強いので、冬でも戸外に置いてかまいません。室内にとり入れて早く咲かせたいときも、12月までは戸外に置き、寒さに十分当ててから、窓辺や廊下などの日のよく当たる場所に移します。

水やり　根の活動が早いのがスイセンの特徴です。地上に芽が出ていなくても、土中では根がよく伸びているので、鉢土が乾いたら冬の間も忘れずに水を与えることが大切です。

'スカーレットゼム'

スイセンの鉢植え

'フラワーレコード'

八重咲き品種'リプリート'

ニホンズイセン

'テイタテイト'

原種スイセン'ロミエウクシー'

口紅ズイセン'セルマラガロフ'

肥料　花が咲き終わってから葉先が黄ばむころまで、1000倍液肥を月に3～4回与え、球根を肥大させます。球根が十分肥大しないと、翌年よい花が咲きません。

病害虫　葉に細長い褐色の斑点が出る斑点病が発生することがあります。マンネブダイセンなどの殺菌剤で防除します。

●花が終わったら

6月に入り、葉が枯れてきたら球根を掘り上げ、日陰でよく乾かし、ネットなどに入れて涼しい場所貯蔵し、秋に植えつけます。

ここがポイント

①遅くならないように、9月下旬～10月に植えつけます。コンテナに植えるときは、根が深く伸びるので深鉢に植えます。
②鉢土が乾いたら、冬の間も忘れずに水を与えるようにします。
③6月に掘り上げます。

パンジー・ビオラ

春が終わるまで長く咲き続ける

別名
西洋スミレ、三色スミレ

科名
スミレ科

分類
秋まき一年草

●栽培カレンダー

月	1	2	3	4	5	6	7	8	9	10	11	12
開花期												
置き場所			ひなた								ひなた	
植えつけ・植えかえ												
手入れ	花がら摘み、枯れ葉の整理							タネまき		花がら摘み、枯れ葉の整理		

花壇やコンテナで、早春から春の庭を明るく彩ります。近年は早咲き品種もふえ、晩秋から冬の花飾り材料としても盛んに利用されるようになりました。

●系統、品種のいろいろ

パンジー　花径10㎝以上の超巨大輪種は鉢植え向き。花径9㎝ほどの巨大輪種は花色も豊富で花壇や鉢物の主力。花径5～6㎝の中輪種は非常に花つきがよく、プランターやハンギングバスケットに適しています。

ビオラ　パンジーに近いタイプの大輪種、濃桃や栗色など変わった花色をもつ中輪種、丈夫で株張りがよく多花性の小輪種などがあります。最近ではコンテナでの寄せ植えなどにはパンジー以上によく利用されています。また最近は、パンジーとビオラを交配した中間の花も多く出回っています。

パンジー‘イエローベア’

●買い方、選び方

早咲き品種が多くなったのと早まきのせいで、最近では10月ごろから園芸店に苗が出回るようになりました。この時期の苗は気温が高いため徒長しているものが多いので、なるべく11月に入ってから、低くがっしり育っているものを選ぶようにします。また、苗は根元がぐらつかず、株張りがよいもので、下葉が黄色くなっていないものを選びましょう。

●楽しみ方

プランターごとに同じ花色の苗を4～5株ずつ植えて並べ、配色を楽しんだり、ハンギ

パンジー‘シャロン’

パンジー'イエローブルーフラッシュ'

パンジー'スイートハートリカ'

ビオラ'あいちゃん'

宿根ビオラ'マイフォニー'

ビオラ、パンジーとスイートアリッサムの壁掛け

ングバスケットを利用して立体的な群植の美しさを楽しみます。

●失敗しない管理のコツ

置き場所　何よりも大切なのは日光によく当てることで、日当たりが悪いと徒長したり、花つきや花色も悪くなります。寒さには強く、凍結したり、よほど強い霜にあわない限り枯れることはありません。

水やり　秋から冬にかけても、鉢土の表面が乾いたら、午前中の暖かいときにたっぷりやります。3月に入るとよく乾くようになるので、晴天の日は1日に1回くらいは必要です。水がなるべく花にかからないようにします。

肥料　植えつけのとき用土に緩効性化成肥料を混ぜておき、あとは春になってにぎやかに咲きだしたら、液肥を10日に1回与えます。

病害虫　暖かいところでは2月ごろからアブラムシが発生するので、オルトラン粒剤を20日に1回、鉢土の表面に散布します。また、春になり雨が多くなると灰色かび病が発生することがありますが、なるべく花に水がかからないよう注意し、咲きがらや枯れ葉をこまめにとり除くことでほとんど防げます。

ここがポイント

①苗を植えつける際は、用土に腐植質を多めに加え、十分に根を張らせること。
②毎日の花がら摘みと追肥を忘れないこと。
③春になったら液肥を10日に1回与えます。
④アブラムシを防除します。

プリムラ

いち早く春を彩る

別名
西洋サクラソウ

科名
サクラソウ科

分類
耐寒性多年草、春まき一年草

●**栽培カレンダー**

月	1	2	3	4	5	6	7	8	9	10	11	12
開花期	━	━	━	━								━
置き場所	━	━	ひなた	━	━	━	涼しい日陰	━	━			ひなた
植えつけ・植えかえ									━	株分け、植えかえ		
手入れ	━	花がら摘み		━							花がら摘み	━

　年末ごろから出回るマラコイデス、花色豊かなポリアンサ、ジュリアン、開花期が長く豪華な花をつけるオブコニカなど、いずれも春を代表する鉢花として親しまれています。

●系統、品種のいろいろ

マラコイデス　紅、桃、白などの小花を段々につけて咲き上がる愛らしい一年草で、富士ざくらシリーズなど、派手な八重咲きタイプもあります。

ポリアンサ　花色が赤、紫、桃、黄、橙、白と、年末から早春にかけて咲く鉢花の中では最もカラフルです。マラコイデスより耐寒性もあり、早春の花壇でも楽しめます。

ジュリアン　ポリアンサを全体にコンパクトにしたようなかわいい花で、ポリアンサより耐寒性にもすぐれます。覆輪花や花の中心に蛇の目が入るものなど、花色も豊富で、近年はポリアンサとの中間種で、大輪多花性のミニハイブリッドも作出されています。

オブコニカ　豪華な大輪の花が、年末から春遅くまで次々と咲きます。寒さには弱く、弱光下でも咲くので室内向き。

●買い方、選び方

　葉が伸びすぎず、葉色が黄ばんだりしておらず、根元がぐらつかないものを選びます。マラコイデスは花茎が多く出ていて、中心の

ポリアンサ

(左)ポリアンサ、(右)ジュリアン

オブコニカ‘ジュノー スカーレット ピコティ’

ポリアンサ‘ファンタジー’

マラコイデス

シネンシス‘ファンファーレ’

ポリアンサの鉢植え

花が1～2段咲きかけているものを、ポリアンサは根元につぼみの多いものを選びます。

●楽しみ方

オブコニカは室内で楽しみますが、マラコイデスはベランダに飾ってもよく、耐寒性のあるポリアンサ、ジュリアンは花壇や戸外のコンテナで楽しむことができます。

●失敗しない管理のコツ

置き場所　日当たりのよい場所に置きます。寒さに弱いオブコニカは冬の間戸外に出せませんが、ほかは戸外のほうが花色もよくなります。マラコイデスを除けば多年草ですが、夏を涼しく過ごさせることが大切です。

水やり　鉢土が乾いたら十分与えます。なるべく花にはかからないようにします。夏越し中は水やりも少なめにし、蒸れを防ぎます。

肥料　長く咲き続けるので、咲き疲れないよう春まで、月に3回ほど液肥を与えます。

病害虫　春先に出る灰色かび病にはベンレートなどの殺菌剤を散布して予防に努め、アブラムシの防除にオルトラン粒剤を20日に1回、鉢土の上に散布します(室内に置く鉢には薬剤は使わない)

ここがポイント

①種によって耐寒性などは異なるので、置き場所に注意します。

②咲き疲れしないよう、月に3回ほど液肥を施します。

③花がら摘みをこまめにします

ストック

ボリューム満点の芳香花

ストック（八重咲き）の鉢植え

別名	科名	分類
アラセイトウ	アブラナ科	秋まき一年草

●**栽培カレンダー**

月	1	2	3	4	5	6	7	8	9	10	11	12
開花期		■	■	■						極早生種	極早生種	
置き場所	ひなた	ひなた	ひなた	ひなた			ひなた	ひなた	ひなた	ひなた	ひなた	ひなた
植えつけ・植えかえ								極早生種	■	■		
手入れ						タネまき極早生種	■		■	タネまき		

南ヨーロッパ原産の一年草で、甘い香りを漂わせます。枝が分かれるものと、1本立ちするものがあるほか、鉢栽培に向く矮性種があります。ストックは低温に当たらないと花を咲かせないため、これまでは春咲きに限られていましたが、さほど低温を必要としないで開花する'ピグミー'、'リトルゼム'などの極早生種が出現したため、いまでは秋にも花が楽しめるようになりました。

●買い方、選び方、楽しみ方

春先にポット苗が出回ることがありますが、普通はタネをまいて育てます。鉢栽培には主に矮性種の'キスミー'、'ピグミー'などを用います。

●失敗しない管理のコツ

普通種は9月に、極早生種は7月下旬～8月上旬にタネをまきます。タネをまくと一重咲きと八重咲きのものがほぼ半々に出ます。八重咲きの花を咲かせたいときには、子葉の形が楕円形のものを残して、あとは間引きます。本葉が4枚になる10月中旬～下旬に鉢に植えつけます。水やりは、鉢土の表面が乾いたらたっぷり与えます。肥料は植えつけのときに緩効性化成肥料を元肥に施し、その後も月に1回化成肥料を追肥します。

ここがポイント

普通種は9月に、極早生種は7月下旬～8月上旬にタネをまきます。

ストック（八重咲き）

ストック（八重咲き）

ハーデンベルギア

紫の花が美しいつる性植物

ハーデンベルギアの鉢植え

ハーデンベルギア

別名	科名	分類
ヒトツバマメ	マメ科	半耐寒性常緑つる性木本

●栽培カレンダー

月	1	2	3	4	5	6	7	8	9	10	11	12
開花期			■	■								
置き場所	室内	室内	室内	ひなた～半日陰	ひなた～半日陰	ひなた～半日陰	西日が当たらない半日陰	西日が当たらない半日陰	ひなた～半日陰	ひなた～半日陰	ひなた～半日陰	室内
植えつけ・植えかえ					■							
手入れ					切り戻し							

オーストラリア原産のマメ科のつる性常緑樹です。小さな蝶形花を密に咲かせてみごとなことと、葉も照葉で美しいことから人気を呼んでいます。鉢花として年末から春にかけて出回ります。花色は紫、桃、白など。

●買い方、選び方、楽しみ方

つるが太くてしっかりしており、葉につやがあり、つぼみが多くついているものを選びます。暖地ではフェンスやトレリスなどに誘引して育てることもできますが、寒さに弱いので、普通は鉢栽培にして観賞します。室内で冬越しさせると、2～3月に開花します。

●失敗しない管理のコツ

冬季に鉢花を購入した場合は、低温にあわせるとつぼみが落ちてしまうので、暖房のない日当たりのよい窓辺に置いて、10度くらいのところで管理します。水ぎれしないように、鉢土の表面が乾いたらたっぷり水を与えます。開花中は肥料は施しません。

ハーデンベルギア

●花が終わったら

花後は、伸びすぎた枝などを軽く切り戻して、水はけのよい用土で、元肥を施して植えかえます。春と秋はひなたから半日陰で、夏は西日の当たらない、風通しのよいところに置いて管理します。

ここがポイント

①冬は10度ほどを保てる場所で管理します。

②アブラムシやハダニが発生しやすいので、早めに薬剤を散布して防除します。

ヒアシンス

室内の窓辺で鑑賞しても楽しい

ヒアシンスの鉢植え

科名	分類
ユリ科	秋植え球根

●栽培カレンダー

月	1	2	3	4	5	6	7	8	9	10	11	12
開花期			■	■								
置き場所	ひなた	ひなた	ひなた	ひなた	ひなた	ひなた				ひなた	ひなた	ひなた
植えつけ・植えかえ										■		
手入れ						掘り上げ						

よい香りを漂わせ、春を告げる花として親しまれています。花色は赤、桃、黄、紫、青、白と豊富です。

●買い方、選び方、楽しみ方

市販されている球根は、すべて花芽をもつ開花可能球ですので安心してよいでしょうが、念のため、底部や上部がへこんでいるものや、傷がついているのは避けます。かたく締まって、できるだけ大きな球根を買い求めます。花壇、鉢植え、水栽培などで観賞します。

●失敗しない管理のコツ

10月に5号鉢に2～3球、標準サイズのプランター植えなら5球を目安に、川砂、赤玉土、腐葉土を等量混ぜた用土に元肥を少量施して植えつけます。日当たりのよい戸外に置いて、冬の寒さに十分当てます。水やりは鉢土の表面が乾いたらたっぷり与えます。水栽培には、できるだけ大きな球根を用い、11月ごろに暖房のない暗いところに置いて発根させます。発根したら根に空気がいくように球根と水の間をあけ、日当たりのよいところで管理します。

●花が終わったら

葉が黄色になる6月に掘り上げます。

ここがポイント

10月に植えつけたら、日当たりのよい戸外に置いて、十分に冬の寒さに当てないと花が咲かないことがあります。

（白）'カーネギー'、（桃）'レディーダービー'

ヒアシンスとムスカリの寄せ植え

ユキワリソウ

変化に富んだ花色、花形で人気

一重咲き種

'紫晃殿'（千重咲き）

科名	分類
キンポウゲ科	耐寒性常緑多年草

●栽培カレンダー

月	1	2	3	4	5	6	7	8	9	10	11	12
開花期												
置き場所		ひなた					半日陰					ひなた
植えつけ・植えかえ												
手入れ											古葉の整理	

雪割草の名で親しまれているのはミスミソウ、オオミスミソウ、スハマソウといったヘパティカ属の多年草で、色彩変化に富んだ可憐な花を咲かせる人気の山草です。花形も普通の一重咲きから多弁咲き、千重咲き、唐子咲きなど変異に富みます。

●買い方、選び方、楽しみ方

交配技術の進歩で、千重咲きなどの変異種も以前ほど高価ではなくなりましたが、はじめての方はそうした変わり咲きよりも、花形がよくて色彩の美しい一重咲きをおすすめします。早春に開かれる山野草展の即売所などで、花を見て購入するとよいでしょう。

●失敗しない管理のコツ

冬から開花期にかけてはひなたに置き、花が咲き終わったらできるだけ雨が避けられる半日陰に置きます。花後は1000倍に薄めた液肥を週1回の割合で数回施し、花後と秋には1回ずつ固形肥料の置き肥をします。植えかえは2～3年に1回、4月中旬か9月下旬～10月中旬に行います。硬質鹿沼土5：軽石5など、水はけのよい用土で植えます。つぼみが上がるころになったら傷んだ葉を整理し、開花に備えます。

ユキワリソウ（一重咲き）の鉢植え

一重咲き種

ここがポイント

①花後、11月中旬ごろまでは半日陰で管理します。

②水はけのよい用土で育てることが大切。

ラナンキュラス

目の覚めるような花が魅力的

‘ポットドワーフ’

ラナンキュラスの鉢植え

‘リビエラ フェスティバル’

別名	科名	分類
ハナキンポウゲ	キンポウゲ科	秋植え球根

●栽培カレンダー

月	1	2	3	4	5	6	7	8	9	10	11	12
開花期		■	■	■	■							
置き場所	■	■	ひなた	■	■					■	ひなた	■
植えつけ・植えかえ										■		
手入れ					■	掘り上げ						

早春に出回る鉢花の中で、ひときわ目をひく、大きくて美しい花を咲かせます。代表的なビクトリア・ストレイン系の品種は、花径15cm以上の巨大輪の花を咲かせます。また、鉢植えに向く品種として、草丈10～20cmと矮性で大輪花をつけるポットドワーフやドワーフピコティなどがあります。

●買い方、選び方、楽しみ方

2月ごろから温室で栽培されたものが出回ります。間伸びせず、花茎が太くしっかりしており、つぼみの多いものを選びます。

●失敗しない管理のコツ

日当たりのよい窓辺に置いて管理します。夜間は暖房していない5～10度ぐらいの低温下に置くと花が長もちします。水やりは鉢土の表面が乾きかけたら、花にかけないようにしてたっぷり与えます。肥料ぎれすると、下葉が黄色になるので、開花中も10日に1回、薄い液肥を施します。

●花が終わったら

葉が黄色くなって枯れてきたら球根を掘り上げて水洗いし、ベンレート1000倍液に30分浸して消毒した後、日陰で乾かして貯蔵します。10月になったら球根を湿りけのあるバーミキュライトの中に入れて、徐々に吸湿させ、芽が出たら鉢などに植えつけます。

ここがポイント

①水やりは、花にかけないよう注意を。
②無暖房の部屋に置くと花が長もちします。

ルクリア

香りのよい小花が房状に咲く

'スイートルビー'

別名	科名	分類
アッサムニオイザクラ	アカネ科	半耐寒性常緑低木

●栽培カレンダー

月	1	2	3	4	5	6	7	8	9	10	11	12
開花期			━	━								
置き場所	日の当たる室内				ひなた			半日陰		日の当たる室内		
植えつけ・植えかえ					鉢がえ							
手入れ				剪定								

ルクリアには5種の原種が知られていますが、日本で鉢花として普及しているのはインドのアッサム地方の高原に自生するピンセアナ1種のみです。枝先に直径15cmほどの花房をつけ、上品な淡桃色の5弁花を多数咲かせます。花がよい香りを漂わせることから、「アッサムニオイザクラ」の名で知られています。

●買い方、選び方、楽しみ方

半耐寒性の常緑樹で、本来は春に開花しますが、温室で加温し促成栽培された開花株が、冬の間から店頭に並びます。こうした株はどうしても寒さに弱いので、あまり長期間外気にさらされたものは避けたほうが安全です。

●失敗しない管理のコツ

開花中はガラス越しの日光が当たる窓辺で管理します。明け方5度以上の温度が保てる部屋でしたら、暖房の必要はありません。高温の室内では花もちが悪くなります。春に開花枝を短く切り詰め、一回り大きな鉢に植えかえ、戸外に出します。適湿を好むので、赤玉土6：腐葉土3：川砂1といった水もちのよい用土で植えます。半月ほどして根づいたころに、固形肥料を置き肥します。夏の間は、強い西日は避けます。

ここがポイント

①暖地を除き、冬の間はできるだけ室内で管理します。

②乾燥を嫌うので、水ぎれに注意します。

'スイートルビー'の鉢植え

レシュノルティア

初恋草の名で普及した可憐な花

ビロバ'スカイブルー'

'ムーン キャスル トヨカ'

別名	科名	分類
ハツコイソウ	クサトベラ科	半耐寒性常緑低木

●栽培カレンダー

月	1	2	3	4	5	6	7	8	9	10	11	12
開花期	■	■	■	■						■	■	■
置き場所	■	■	■	■	■ そのうち12～2月は要防寒	■	■	■	■	■	■	■
植えつけ・植えかえ			■	■	■	株分けもこの時期が適期						
手入れ			切り戻し	切り戻し								

オーストラリア原産の花木で、冬季に咲く可憐な鉢花として人気を呼ぶようになりました。オレンジや赤花が多いフォルモーサ系のほか、近年は花が大きくて香りがあり、青花のビロバ系も出回り、さらに両種間の交雑品種も次々と生まれています。

●買い方、選び方、楽しみ方

開花株の鉢花が10～4月に出回るので、枝が太く葉色がよく、枝数の多いこんもりと茂ったものを選びます。雨に当たると草姿が乱れやすいため、花壇植えには適しません。鉢植えで楽しみましょう。

●失敗しない管理のコツ

もともと乾燥地帯に生育する植物なので、日光を好み過湿を嫌います。春から秋までは戸外の風通しのよいひなたで育て、梅雨時の雨には当てないようにします。水やりは表土が十分乾くのを待って与えてください。春と秋には月に2～3回液肥を施します。冬は凍らない程度の防寒が必要です。

●花が終わったら

コンパクトな草姿で花を咲かせるには、毎年、花後に切り戻しと植えかえを行います。切り戻しは1/3～1/2まで刈り込みます。

ここがポイント

①花後に切り戻して植えかえます。
②過湿を嫌うので、受け皿をはずして水やりします。
③春～秋は十分に日光に当てて育てます。

様々な花色のレシュノルティア

アキメネス

半日陰で楽しめる

アキメネス

別名	科名	分類
ハナギリソウ	イワタバコ科	春植え球根

●栽培カレンダー

月	1	2	3	4	5	6	7	8	9	10	11	12
開花期												
置き場所	室内の凍らないところ						室内の窓辺					
植えつけ・植えかえ												
手入れ					摘芯		水やりを徐々に控えて水をきる					

晩春から秋まで、次々と花を咲かせる小球根草花です。暑さ寒さに弱く、雨に当たると傷むので、鉢植えにして室内で栽培します。主な原種にグランディフロラ（赤紫大輪）、カンディダ（白花小輪）などがありますが、多くの園芸品種が出回っています。

●買い方、選び方、楽しみ方

初夏から園芸店の店頭を飾ります。茎が太くて、株全体ががっしりした感じのものを選びます。葉が傷んでいたり、下葉が黄色になっているものは避けます。鉢植え、ハンギングバスケットで観賞します。

●失敗しない管理のコツ

半日陰を好むので、室内のレースのカーテン越しの光が当たる窓辺に置きます。鉢土の表面が乾いたらたっぷりと水やりします。葉に水滴が残った状態で直射日光に当たると、葉やけを起こすので、葉や花に水がかからないように、株元に与えます。夏を除いた春から秋には、薄い液肥を月に1回施します。

●花が終わったら

秋になったら水やりを徐々に控え、霜がおりる前には完全に水をきり、鉢のまま室内で冬越しさせて、4月に赤玉土4：腐葉土4：川砂2の新しい用土で植えかえます。10㎝くらい芽が伸びたら摘芯し、枝数をふやします。

ここがポイント

冬に入るまでに水をきり、鉢に入れたまま室内で管理します。

‘ストロベリーリップル’

アキメネスの鉢植え

アジサイ（ハイドランジア）

梅雨空に映える豪華な花

科名
ユキノシタ科

分類
落葉広葉低木

●栽培カレンダー

月	1	2	3	4	5	6	7	8	9	10	11	12
開花期												
置き場所	寒風の当たらないひなた			ひなた			風通しのよい半日陰			ひなた		
植えつけ・植えかえ												
手入れ	挿し木（休眠枝挿し）							剪定、挿し木（新梢挿し）				

'ブラウ スミコ'

ともするとうっとうしくなりがちな梅雨時の庭に、しっとりとした雰囲気をもつ大輪の花を咲かせます。

●系統、品種のいろいろ

鉢植えの主流は、西洋で改良され日本へ里帰りしたハイドランジアと呼ばれる品種群ですが、近年は日本産の原種、ヤマアジサイやガクアジサイ系などの品種も人気です。

●買い方、選び方

毎年、3〜4月になると、促成栽培された鉢植えが市販されます。なるべく葉のつやがよく、茎の太いしっかりした株を選びます。また、水ぎれを起こしやすい花木なので、忙しかったり、水やりを忘れがちな人は、鉢底部分に貯水槽が設けられている底面給水鉢に植えられているものを選ぶとよいでしょう。

●失敗しない管理のコツ

置き場所　春、秋はひなたに、夏の間は戸外の半日陰で、風通しのよいところに置きます。冬は寒風に当たると枝先の芽を傷めるおそれがあるので、寒風や強い霜の当たらないところに置きます。

水やり　大型の葉で蒸散が激しいため、盛んに吸水します。天気が続くときは毎日たっぷりと水やりをします（底面給水鉢なら、貯水槽の水がきれかけたときでよい）。

●花が終わったら

花は非常に長もちしますが、あまり長く咲かせていると株が弱るので、花が茶色になっ

アジサイの鉢植え

アナベル

‘ブルーリング’

カシワバアジサイ 八重咲き

ガクアジサイ

コケ玉仕立てのヤマアジサイ

‘マダムバタフライ’

てきたら切りとり、剪定、植えかえをします。

肥料　花が終わったら、化成肥料を5号鉢にスプーンに1杯置き肥します。さらに、ハイポネックスなどの液肥を9月まで月に3〜4回施します。その後、休眠期は施しませんが、3月も終わりになったら戸外に出し液肥を施し始めます。

剪定　花芽は枝先につき、翌春ここから伸びた新梢の先端に花をつけるので、ほうっておくと間伸びしてしまいます。花が終わったらすぐに枝元2節を残す程度に短く切り詰めておきます。

植えかえ　株が鉢いっぱいになったものは、花後に一回り大きな鉢に植えかえます。用土は、赤玉土7に、赤花系の品種なら腐葉土3を加えたものを、青花系の品種なら酸度未調整のピートモス3を混ぜた弱酸性の用土に植えると、美しい花色が期待できます。

挿し木で苗をふやす　ハイドランジアも日本原産のアジサイも、挿し木で簡単に苗を得られます。梅雨時に新梢を挿してもよいのですが、初心者の方は3月に休眠枝を挿すほうが、管理が容易で発根率も高いはずです。

ここがポイント

①一年を通して、鉢内を乾かさないよう水やりをします。底面給水鉢を利用すると水管理が楽にできます。

②花が終わったらすぐに枝元2節を残す程度に短く切り詰めておきます。

アゲラタム

糸のような芯花が集まって咲く

‘ホワイトハワイ’

アゲラタム

別名	科名	分類
カッコウアザミ	キク科	春まき一年草

●栽培カレンダー

月	1	2	3	4	5	6	7	8	9	10	11	12
開花期					■	■	■	■	■	■		
置き場所				■	■	■	ひなた	■	■	■		
植えつけ・植えかえ					■	■						
手入れ			タネまき	タネまき								

糸のように細い芯花が集まって咲く、やわらかいイメージの花です。花色は青紫、紫、桃、白など。花は春から秋まで連続して咲き続けます。鉢植えに向く草丈20㎝くらいの矮性種、草丈50～60㎝の高性種などがあります。

●買い方、選び方、楽しみ方

春に花つき苗を買い求めると便利です。苗は株の締まったしっかりしたものを選びます。3月下旬～4月にタネを購入してタネから育てることもできます。大きめのコンテナなどに群植するとよく映えます。

●失敗しない管理のコツ

鉢花を買い求めたら、できるだけ日当たりのよいところに置いて、鉢土の表面が乾いたらたっぷり水を与えます。開花期が長いので、開花中も月に2～3回、薄めの液肥を施します。

●タネから育てる

3月下旬～4月にタネをまきます。本葉2～3枚になったら、鉢やプランターに移植します。どんな土でも育ちますが、水はけと水もちのよい用土がベストです。

ここがポイント

①3月下旬～4月にタネを購入してタネから育てることもできます。
②できるだけ日に当てることが花つきをよくするコツです。
③開花中も液肥を施します。

アゲラタムの鉢植え

アネモネ

多彩で鮮やかな花色

別名	科名	分類
ボタンイチゲ	キンポウゲ科	耐寒性秋植え球根

●**栽培カレンダー**

月	1	2	3	4	5	6	7	8	9	10	11	12
開花期			■	■	■							
置き場所	ひなた	ひなた	ひなた	ひなた	ひなた						ひなた	ひなた
植えつけ・植えかえ										球根		
手入れ				追肥	掘り上げ							

パボニナ

アネモネ ブランダ‘ピンクスター’

ふつうアネモネといわれているのは、コロナリアの園芸品種で、一重咲き、半八重咲き、八重咲きがあり、花色も赤、ピンク、紫、白など豊富に揃っています。

●買い方、選び方、楽しみ方

花が比較的短命なので、開花株の鉢植えはほとんど出回りません。秋から出回るポット苗か、球根を購入して、鉢や花壇に植えます。苗はつぼみがついていることを確認し、下葉が黄色いものは避けます。球根はカビや傷のないものを選びます

●失敗しない管理のコツ

ポット苗は根鉢を崩さないように植えつけます。日光を好むので、生育中は日当たりと風通しのよい場所におき、過湿を嫌うので鉢土の表面が乾いてからたっぷりと水を与えます。4月中旬～5月中旬は週に1回液肥を施し、タネがつかないように花がらはこまめに摘みとりましょう。

●球根から育てるとき

10月以降に植えつけます。植えつけ前に、湿らせたバーミキュライトなどの上に置いてゆっくりと吸水させ、膨らんだ球根を植えますが、尖っているほうを下にして植えます。

ここがポイント

①球根を充実させるために日当たりのよい場所に置きます。

②葉が黄変したら球根を掘り上げて、涼しい場所で乾燥貯蔵します。

八重咲き品種
‘セント ブリジット’

デカン咲き種

アマリリス

豪華な花が楽しめる

'アフロディーテ'

原種アマリリス パピリオ

科名	分類
ヒガンバナ科	春植え球根

●栽培カレンダー

月	1	2	3	4	5	6	7	8	9	10	11	12
開花期					■	■	■					
置き場所	軒下など	軒下など	ひなた	ひなた	ひなた	ひなた	ひなた	ひなた	ひなた	ひなた	軒下など	軒下など
植えつけ・植えかえ			■	■								
手入れ										■	2年に1回植えかえ	

初夏に太い花茎を立ち上げ、その先端にユリに似た大きな花を数輪咲かせます。最も多く出回っているのが、オランダでつくり出された大輪花のルドウィッヒ系で、ポットに植えられて市販されています。

●買い方、選び方、楽しみ方

ポットに入ったものは、球根をとり出して見ることはできませんが、球根を選ぶときは、病斑がなく、丸くてつやのあるものを選びます。開花株を選ぶときには、花ばかりでなく葉もよく伸びているものを選びます。

●失敗しない管理のコツ

球根の植えつけ適期は、3月下旬～4月上旬です。水はけのよい用土に元肥を施し、大輪系で7号鉢に1球を目安として、球根の首が出るくらいの浅植えにします。芽が出てきたらひなたに移して管理します。水やりは鉢土の表面が乾いたら、たっぷり与えます。

●花が終わったら

花がらを摘み、油かすや骨粉などの遅効性肥料を置き肥し、9月まで10日に1回液肥を施します。冬は10月ごろから徐々に水やりを減らしていって鉢を乾かし、そのまま軒下などに置いて冬越しさせます。植えかえは2年に1回、10月に行います。

ここがポイント

①花後は花茎を残して花がらを摘み、追肥して葉を茂らせます。

②冬越しは乾かした鉢のまま軒下などに。

アマリリスの鉢植え

アマリリスの大鉢植え

白筋アマリリス

アイビーゼラニウム

ハンギングバスケットの主役

アイビーゼラニウム、フクシアなどのハンギングバスケット

アイビーゼラニウムのハンギングバスケット

別名	科名	分類
ツタバゼラニウム	フウロソウ科	半耐寒性多年草

●栽培カレンダー

月	1	2	3	4	5	6	7	8	9	10	11	12
開花期												
置き場所	室内			ひなた			半日陰			ひなた		室内
植えつけ・植えかえ									植えかえ			
手入れ				挿し木					挿し木			

南アフリカのケープ地方原産のペラルゴニウム・ペルタツムなどから改良された園芸種です。ゼラニウムによく似ていますが、光沢のある星形の葉をつけた茎がつる状に伸びてしだれるように茂ります。花は一重咲きと八重咲きがあり、長い花柄の先に固まってつきます。

●買い方、選び方、楽しみ方

節間が間伸びしていない、つぼみがついているものを選びましょう。ゼラニウムに比べて暑さに弱く、耐寒性も強くないので鉢植え向きです。ハンギングバスケットなどに植えると鉢から垂れ下がってすてきです。

●失敗しない管理のコツ

春と秋は日がよく当たる風通しのよい戸外に置き、鉢土の表面が白く乾いたら水をたっぷり与えます。春と秋は液肥を2週間に1回施します。高温多湿に弱いので、夏は西日を避け、風通しのよい涼しい半日陰に移し、水やりを控えます。冬は5度以上の明るい室内で越冬させ、水やりは控えます。

●花が終わったら

咲き終わった花から1輪ずつ花首の下でこまめに切りとります。株が大きくなりすぎたときは全体を切り戻します。5～6月と9月に挿し芽でふやします。

ここがポイント

①夏は涼しい半日陰に置きますが、雨に当てないほうが花つきがよくなります。

②茎が伸びすぎるときは摘芯します。

アイビーゼラニウムの鉢植え

イソトマ

青い星形の花が美しい

プランタースタンドで立体的に飾ったイソトマ

別名	科名	分類
ローレンチア	キキョウ科	春まき一年草、半耐寒性常緑多年草

●栽培カレンダー

月	1	2	3	4	5	6	7	8	9	10	11	12
開花期					■	■	■	■	■	■	■	
置き場所				■	■	■	■ ひなた	■	■	■	■	
植えつけ・植えかえ					■							
手入れ			■	■ タネまき								

オーストラリア原産の半耐寒性一年草または多年草です。細長い葉をもつ茎の先や葉のつけ根から長い花茎を伸ばして、星形をした青い花を次々と咲かせます。

●買い方、選び方、楽しみ方

イソトマの自然開花は初夏から秋ですが、温室で栽培された鉢花が、春から出回ります。鉢植えで楽しむほか、開花期が晩秋までと長いので、ハンギングバスケットに仕立てて楽しむこともできます。

●失敗しない管理のコツ

春から秋までは日当たりのよいところに置きますが、梅雨の長雨に当たると株が傷むことがあるので、その時期は南側の軒下やベランダに置いて管理します。鉢土の表面が十分に乾いてから、たっぷり水を与えます。開花期が長いので、開花中も2週間に1回液肥を施します。

アクシラリス

イソトマの鉢植え

●タネから育てる

発芽適温は15度前後なので、3月下旬～4月上旬にタネをまいたらフレームなどで保温します。本葉が2～3枚出たところでポットに移植し、ひなたで管理します。過湿にすると徒長するので、水を与えすぎないように注意します。5月中旬ごろに堆肥や腐葉土を混ぜた肥沃な用土で植えつけます。

ここがポイント

①多肥、過湿を避けて、ひなたで育てます。

②水を与えすぎないように注意します。

イベリス

丈夫で育てやすい美しい花

'ブライダルブーケ'

ウンベラータ

別名	科名	分類
キャンディタフト、マガリバナ	アブラナ科	秋まき一年草、耐寒性多年草

●栽培カレンダー

月	1	2	3	4	5	6	7	8	9	10	11	12
開花期				■	■	■						
置き場所			ひなた	ひなた	ひなた	ひなた						
植えつけ・植えかえ			■									
手入れ									タネまき	タネまき		

ヨーロッパの地中海沿岸地方や北アフリカに自生する多年草、一年草ですが、耐寒性があり、丈夫で育てやすい花です。草丈は20～40㎝で、花茎の先に径1㎝ぐらいの小花をたくさんつけるので、花壇や鉢植えにするとよく引き立ちます。

よく栽培されているものに、白花のアマラ、赤や紫花のウンベラータ、白花で多年草のセンペルヴィレンス(トキワナズナ)などがあります。

●買い方、選び方、楽しみ方

早春にポット苗が出回ります。移植を嫌うので、できるだけ早いうちに根鉢をくずさないようにして、水はけのよい用土で植えつけます。乾燥した気候を好む植物なので、植えつけ後は長雨の当たらない南向きの軒下やベランダに置きます。水やりは乾かしぎみにし、鉢土の表面が十分乾いてからたっぷり水を与えます。タネまきで楽しむ場合は、秋にタネをまき、本葉が見えてきたら、赤玉土6：腐葉土3：燻炭1の用土で3号ポットに移植し、凍らないところに置いて冬越しさせます。3月に鉢に同じ用土で定植します。

イベリスのハンギングバスケット

ここがポイント

①施肥は窒素過多にならないように注意します。

②乾燥した気候を好む植物なので、長雨の当たらない軒下やベランダに置き、乾かしぎみに管理します。

エビネ

最も色彩変異に富んだ野生ラン

キエビネ

ジエビネ

科名	分類
ラン科	耐寒性常緑多年草

●栽培カレンダー

月	1	2	3	4	5	6	7	8	9	10	11	12
開花期				■	■							
置き場所	乾いた寒風に当たらない日陰			弱光が当たる半日陰			木陰または家屋の北側(日陰)					
植えつけ・植えかえ					■						■	
手入れ	庭植えは落ち葉などでマルチング			■	■	花がら摘み				花がら摘み		■

各地の林床に生育する地生ランです。東北地方以北の寒冷地や亜熱帯地を除き、たいていの種類がほとんどの地域で容易に栽培できます。近年は交配による育種が進み、幅広く楽しまれるようになりました。

●買い方、選び方、楽しみ方

4～5月ごろに園芸店で開花株を購入します。通信販売でも入手できますが、実際に花を見て買うほうがよいでしょう。大株に仕立てると花茎が何本も立ちみごとです。鉢仕立てのほか、落葉樹の根方などに下草として植え込んでも楽しいものです。

●失敗しない管理のコツ

開花時期から新葉が開く5～6月は、午前中だけ光が当たる場所に置き、梅雨が明けたら直射日光が当たらない場所に移します。冬は寒風が防げる場所で、鉢土が凍らないよう管理します。水は年間を通して、鉢土が白っぽく乾いてきたらたっぷりと与えます。肥料は秋に1回、発酵油かすを2～3個、またはマグァンプKを茶さじ2杯程度与えます。

●花が終わったら

最後まで咲かせると株が弱ります。下段の花が傷んできたら、花茎は早めに引き抜きます。

ここがポイント

①葉やけをしないように、夏は直射日光が当たらない場所で管理します。

②植えかえは2年に1回、花の直後か11月上旬～中旬に行います。

タカネエビネの鉢植え

オステオスペルマム

開花期が長く、美しい花色が魅力

'アマンダ'

別名	科名	分類
アフリカンデージー	キク科	半耐寒性常緑多年草

●栽培カレンダー

月	1	2	3	4	5	6	7	8	9	10	11	12
開花期												
置き場所	軒下または室内						ひなた					軒下または室内
植えつけ・植えかえ				植えつけ			植えかえ					
手入れ					挿し木	剪定			挿し木			

主に南アフリカ原産。以前はディモルフォセカと呼ばれていましたが、現在はオステオスペルマム属として独立しています。花全部が種を実らせるディモルフォセカに対して、花の周りの舌状花だけが結実するので区別できます。

●買い方、選び方、楽しみ方

晩秋から春にかけてポット苗が出回ります。分枝が多くボリュームがあり、つぼみが多く、葉色のよいものを選びます。次々と新色が登場しているので、好みの色を組み合わせたり、ほかの草花と混植して華やかに演出することもできます。

●失敗しない管理のコツ

日照を好むので、春~秋は戸外のよく日が当たる場所に置きますが、夏は直射日光と西日を避けて風通しのよいところに置きます。霜に当たると枯れるので、冬は軒下か明るい室内に移します。花がらはこまめに摘み、鉢土の表面が乾いたらたっぷり水を与えます。春と秋は肥料ぎれさせないように注意します。

●花が終わったら

暑くなる前に、1/3くらい剪定して、一回り大きな鉢に植えかえます。

'ナシンガ ホワイト'

オステオスペルマムとスイートアリッサムの寄せ植え

ここがポイント

①日光が好きなので、春と秋はできるだけ日に当てます。

②梅雨に入る前に株を切り戻して、雨の当たらない半日陰で夏越しさせます。

オーブリエタの鉢植え

オーブリエタ

株を覆うように多数の花が咲く

別名
オーブリエチア

科名
アブラナ科

分類
耐寒性多年草

●**栽培カレンダー**

月	1	2	3	4	5	6	7	8	9	10	11	12
開花期			■	■	■							
置き場所			ひなた				半日陰			ひなた		
植えつけ・植えかえ	植えつけ		■		植えかえ							
手入れ					刈り込み							

オーブリエチアの名前でも出回ります。カーペット状に茂り、株を覆ってたくさんの花が次々と咲きます。寒冷地ではグランドカバーなどに利用できますが、日本の夏の高温多湿に弱いので、関東地方以西では鉢植えで育てます。花色は青紫色、淡青色、紅紫色など。

斑入りオーブリエタ

●**失敗しない管理のコツ**

春と秋はよく日に当て徒長させないように育てます。ある程度花が終わったら、刈り込んで植えかえ、半日陰のできるだけ風通しのよい涼しい場所に置いて夏越しさせます。肥料は生育期の春と秋に液肥を施します。

カルセオラリア

カルセオラリア

巾着のような花形がユニーク

別名
キンチャクソウ

科名
ゴマノハグサ科

分類
秋まき一年草

●**栽培カレンダー**

月	1	2	3	4	5	6	7	8	9	10	11	12
開花期			■	■	■							
置き場所	室内		ひなた							ひなた		室内
植えつけ・植えかえ										植えつけ		
手入れ									タネまき			

中南米原産の多年草ですが、暑さ寒さに弱いので、秋まき一年草として扱います。花弁がふくらんで、まるで巾着のようなユニークな花形をしています。自然開花では3月からですが、温室で栽培された開花株が年末から店頭に出回ります。

●**失敗しない管理のコツ**

冬季は室内の窓辺に置いて日に当てますが、暖房が効いた部屋では株が弱るので注意。3月以降は戸外のひなたに置いて管理します。鉢土の表面が乾いたら、たっぷり水をやりますが、花にかからないように注意します。開花期が長いので、開花中も月に2～3回液肥を施します。

カルセオラリアの鉢植え

カーネーション

母の日を彩る人気の鉢花

カーネーション

'ムーンダスト'

'ピクレット'

別名	科名	分類
オランダセキチク	ナデシコ科	半耐寒性常緑多年草

●栽培カレンダー

月	1	2	3	4	5	6	7	8	9	10	11	12
開花期				■	■							
置き場所	室内	室内	室内／ひなた	ひなた	ひなた	ひなた	ひなた／半日陰	半日陰	半日陰／ひなた	ひなた	ひなた	ひなた
植えつけ・植えかえ									植えかえ			
手入れ									切り詰め			

毎年、母の日に感謝を込めて贈られるカーネーションは、春の代表的な花です。園芸品種ができた当初は切り花として出回っていましたが、最近では鉢植えに適した矮性のボーダーカーネーションが人気を呼んでいます。

●買い方、選び方、楽しみ方

4月ごろに鉢花を購入します。株が大きくて間伸びしていないもの、つぼみが多くついているものを選びます。

●失敗しない管理のコツ

開花株を購入したら、ひなたに置いて管理します。水をやるときは、花にかからないように与えます。開花中は肥料を施しません。咲き終わった花がらは、花茎ごと下の葉がついているところから切りとります。

春先に出回るポット苗を購入したときには、有機質を含んだ水はけのよい用土に石灰を少量混ぜて、浅植えにします。

肥料分を好むので、追肥として液肥などをこまめに施します。

●花が終わったら

古い葉などを整理して、涼しい場所に置いて管理します。株が鉢いっぱいになっている場合は、9月に全体を切り詰めて、新しい用土で植えかえます。このとき、元肥として有機配合肥料を施します。

ここがポイント

①水やりは、花にかからないよう注意します。
②追肥として液肥などをこまめに施します。

ガーベラ

花色豊富でおしゃれな花

‘ミュウ’

別名	科名	分類
オオセンボンヤリ、ハナグルマ	キク科	半耐寒性多年草

●栽培カレンダー

月	1	2	3	4	5	6	7	8	9	10	11	12
開花期				■	■	■	■	■	■	■		
置き場所	凍らないところ			ひなた			半日陰		ひなた			
植えつけ・植えかえ			■									
手入れ			株分け									

以前から切り花として人気がありましたが、鉢植え向きの矮性種がつくられ、おしゃれな鉢花として人気を呼んでいます。花色は赤、桃、橙、黄、白などと豊富で、花形も一重咲きのほか、半八重咲き、八重咲き、丁字咲きなどがあります。よく栽培されているのが、日本でつくられた鉢栽培向きのポットガーベラです。矮性種ですが大きな花をつけることから、海外でも高く評価されています。

●買い方、選び方、楽しみ方

温室栽培のものが、3月ごろから出回ります。花茎が太くしっかりしており、葉数が多く、中心のつぼみの多いものを選びます。

ポットガーベラの鉢植え

●失敗しない管理のコツ

日当たりが悪いと花つきが悪くなるので、よく日の当たるところに置きます。ただし、真夏は半日陰に移し、冬は凍らないように注意します。開花中に雨に当たると花が傷みやすいので、南向きの軒下かベランダなどに置くようにします。水やりは、鉢土の表面が乾いてきたら、花にかからないようにたっぷり与えます。肥料は開花中も液肥を月に2～3回施します。

ここがポイント

①よく日の当たるところに置きますが、真夏は半日陰に移します。
②冬は凍らないところで管理し、芽が出る前の3月に植えかえます。

‘フェスティバル スパイダー’

ガーベラ

カルミア

金平糖のようなつぼみがかわいい

'カオーセル'

別名 アメリカシャクナゲ

科名 ツツジ科

分類 常緑広葉低木

●**栽培カレンダー**

月	1	2	3	4	5	6	7	8	9	10	11	12
開花期					■							
置き場所	ひなた	ひなた	ひなた	ひなた	ひなた	ひなた	ひなた	ひなた	ひなた	ひなた	ひなた	ひなた
植えつけ・植えかえ						■			■	■		
手入れ										摘蕾		

'サラー'

華やかに咲く花もさることながら、金平糖そっくりのつぼみが、花よりも濃い色でつくので、つぼみから開花まで長く楽しめます。

よく栽培されているのが、ラティフォリアとその園芸品種で、濃紅色の'オスボレッド'などが代表的な品種です。

●買い方、選び方、楽しみ方

春に店頭に出回ります。伸び出た枝数の約半分くらいの枝先につぼみがつき、葉につやのあるものを目安にして選びます。

●失敗しない管理のコツ

できるだけ日当たりのよいところに置きます。過湿を嫌うので、鉢土の表面が乾いたら、たっぷり水を与えます。

カルミアは、花つきがよすぎると翌年花がつかないことがあります。花芽が多くつきすぎたときには、早い時期に半分くらいのつぼみを摘みとるようにします。

'オスボレッド'

●花が終わったら

花後に有機固形肥料を置き肥します。そのほか、置き肥は花芽のできる前の9月上旬、寒肥として2月に施します。

2～3年に1回、花の終わった直後か9月中旬～10月上旬に、鹿沼土大粒にピートモスを3～4割混ぜた用土で植えかえます。

ここがポイント

①日当たりのよいところに置きます。

②2～3年に1回、花の終わった直後か秋口に鉢がえをします。

カロライナジャスミン

芳香を放つ黄花がよく目立つ

カロライナジャスミン

科名	分類
マチン科	半耐寒性常緑つる性木本

●栽培カレンダー

月	1	2	3	4	5	6	7	8	9	10	11	12
開花期				■	■							
置き場所	室内	室内	室内	ひなた	ひなた	ひなた	ひなた	ひなた	ひなた	ひなた	ひなた	室内
植えつけ・植えかえ			■	■（上旬）								
手入れ					整枝・剪定（下旬）	整枝・剪定（上旬）						

アメリカのカロライナ州近辺に分布する常緑つる性木本で、花にジャスミンに似た独自の芳香があることからジャスミンの名がついていますが、モクセイ科の本来のジャスミンとは関係ありません。春に葉のつけ根に鮮黄色のラッパ形の花を次々に咲かせます。

●買い方、選び方、楽しみ方

茎が太く、節間が詰まっていて、葉の大きさがそろっているものを選びます。一般には鉢植えであんどん仕立てにされますが、関東南部以西では庭に植えて、フェンスやパーゴラに誘引して観賞できます。

●失敗しない管理のコツ

日当たりのよい場所に置きます。冬に促成栽培のものを買ったときには、春までよく日が当たる室内の窓辺などに置いてください。

水やりは、鉢土の表面が乾いたらすぐに、たっぷりと与えます。肥料は生育期の5～9月の間、月に1回置き肥します。

●花が終わったら

旺盛につるを伸ばすので、花後の5月下旬～6月上旬ごろに長く伸びたつるを短く切り詰めます。冬は関東南部以西では戸外で冬越しさせますが、これより以北では、冬は室内にとり入れ、水やりを控えめにして冬越しさせます。

カロライナジャスミンの鉢植え

ここがポイント

①5月下旬～6月上旬ごろに切り詰めます。

②関東南部より以北では、冬は室内にとり入れ、水やりを控えめにして冬越しさせます。

カンパニュラ

矮性種を鉢植えやハンギングに

'ホワイトベイビー'

オトメギキョウ

別名	科名	分類
ベルフラワー、オトメギキョウ	キキョウ科	春まき一年草、耐寒性多年草

●栽培カレンダー

月	1	2	3	4	5	6	7	8	9	10	11	12
開花期					■	■	■					
置き場所	室内	室内	ひなた(夏は半日陰)	ひなた(夏は半日陰)	ひなた(夏は半日陰)	ひなた(夏は半日陰)	ひなた(夏は半日陰)	ひなた(夏は半日陰)	ひなた(夏は半日陰)	ひなた(夏は半日陰)	ひなた(夏は半日陰)	室内
植えつけ・植えかえ									■	■		
手入れ					花がら摘み	花がら摘み	花がら摘み					

最も親しまれているのが多年草のオトメギキョウ(ポルテンシュラギアナ)です。

園芸店ではベルフラワーの名で流通しています。草丈10～15cmで、青紫色のかわいい小花が株を覆うように咲きます。

フラギリスは茎が分枝してよく伸び、垂れて花をつけます。そのほか、大きな花をつけるメディウム(フウリンソウ)などがあります。

●買い方、選び方、楽しみ方

一般には、4～5月に店頭に出回る鉢花を購入します。節間が詰まっていて全体にがっしりした感じで、花やつぼみがバランスよく出ているものを選びます。

●失敗しない管理のコツ

日当たりと風通しのよいところに置いて、鉢土の表面が乾いたら、たっぷり水を与えます。開花中は花がら摘みをこまめに行うと、花を長く観賞できます。

'ステラ'

●花が終わったら

夏は涼しい半日陰に移して夏越しさせ、9～10月に株分けして植えかえます。用土は赤玉土に腐葉土を多めに混ぜたものでよく、このとき元肥として有機配合肥料を施します。冬は日中は日によく当て、夜間は凍らないところに置いて冬越しさせます。

ここがポイント

①梅雨時、長雨に当てないようにします。

②日中よく日が当たり、夜間凍らないところで冬越しさせます。

木立ち性ベゴニア

シャンデリアのような花房が魅力

'月宮殿'

'ホワイトシャンデリア'

'初恋'

'ドラゴンウイング'

科名	分類
シュウカイドウ科	非耐寒性常緑多年草

● 栽培カレンダー

月	1	2	3	4	5	6	7	8	9	10	11	12
開花期				■	■	■	■	■	■	■		
置き場所	日のよく当たる室内				風通しのよいひなた		直射日光は避ける			ひなた	日のよく当たる室内	
植えつけ・植えかえ			■	■					■			
手入れ						挿し木	剪定		挿し木			

まっすぐ伸び上がる茎に、シャンデリアのように豪華な花房をつけます。四季咲きのものと一季咲きのものとがあり、品種によって葉の色彩や模様も変化に富み、花のない時期も観葉植物として十分に楽しめます。茎がかたく、節の部分が矢竹のようになるケインタイプが最もよく育てられています。

● **買い方、選び方**

開花株を購入するときは、下葉が落ちずについていて、茎が太く節間が詰まっている株で、若い花房が上部にたくさんついているものを選びます。葉肉が厚く、傷や病斑がないことも確認しましょう。

● **失敗しない管理のコツ**

遅霜の心配がなくなる4月下旬からは戸外で管理できます。ただし、梅雨時はテラスや軒下に入れてください。7〜8月は寒冷紗などで遮光するとともに、風通しをよくしてやります。鉢土が乾いたらたっぷり水を与えます。

● **花が終わったら**

5度以上に保てれば冬越しできますが、10度以下だと開花は望めません。15度以上の温度が保てれば、冬でも開花します。空中湿度が不足すると葉が落ちるので、霧水はこまめに与えます。

ここがポイント

空気が乾燥すると落花の原因となるので、周りの地面に打ち水をしたり、霧水を吹いたりして空中湿度を保ちます。

56

キンギョソウ

花色豊富でにぎやかな一年草

キンギョソウのプランター植え

‘キャンディーストラップ’

キンギョソウの寄せ植え

別名	科名	分類
スナップドラゴン	ゴマノハグサ科	秋まき一年草

●栽培カレンダー

月	1	2	3	4	5	6	7	8	9	10	11	12
開花期				■	■	■				■	■	
置き場所			ひなた	ひなた	ひなた	ひなた	ひなた	ひなた	ひなた	ひなた	ひなた	
植えつけ・植えかえ			■									
手入れ				花がら摘み	花がら摘み	花がら摘み		タネまき	タネまき	花がら摘み	花がら摘み	

筒状の花をはさんで軽く押すと　上唇弁と下唇弁がぱっくりと開くのを、金魚の口に見立てて和名がついたのでしょう。英名はスナップドラゴンです。鉢やプランターに向く矮性種のほか、切り花に向く高性種、花壇に向く中性種などがあります。花形も八重咲きやペンステモン咲きがあり、花色も赤、桃、紅紫、橙、黄、白と豊富です。

●買い方、選び方、楽しみ方

3月ごろに出回るポット苗を鉢やプランターに植えつけます。苗は太い茎がバランスよく伸びてがっしりした姿をしており、葉色の濃いものを選びます。下葉が黄色になっているものは避けます。鉢やプランターに植えて観賞します。

●失敗しない管理のコツ

市販の草花用培養土を使い、緩効性化成肥料を元肥に施して植えつけます。65cmのプランターで4株、4～5号鉢に1株が目安です。できるだけよく日の当たるところに置き、鉢土の表面が乾いたらたっぷり水やりします。開花期が長いので肥料ぎれしないように、月に3回ほど薄い液肥を施します。花がら摘みをこまめにすると、花を長く楽しめます。

ここがポイント

①日当たりのよい場所で管理します。
②月に2回、オルトラン粒剤を散布してアブラムシの防除をします。

キンギョソウ

キンセンカ

ハーブとしても人気の花

'冬しらず'

'コーヒークリーム'

別名	科名	分類
カレンデュラ、ポットマリーゴールド	キク科	耐寒性秋まき一年草

●栽培カレンダー

月	1	2	3	4	5	6	7	8	9	10	11	12
開花期			■	■	■	■						
置き場所		軒下			ひなた							軒下
植えつけ・植えかえ								タネまき		植えつけ		
手入れ			摘芯									

南ヨーロッパ原産で、ギリシア、ローマ時代からハーブとして栽培されてきました。よく分枝する茎の先に黄色やオレンジの花を開きます。切り花向きの高性種と鉢植えや花壇に向く矮性種があります。一重咲きと八重咲き、花芯が黒い品種などのほか、宿根タイプの'冬しらず'もあります。ハーブの世界ではポットマリーゴールドと呼ばれています。

●買い方、選び方、楽しみ方

12月からポット苗が出回ります。株元がぐらつかないがっちりした株で、つぼみのついた、葉の色がよいものを選びます。タネから育てるときは、9月にタネをまき、霜よけをして育て、本葉5～6枚で定植します。花壇に群植したり、コンテナに寄せ植えしたり、単植して観賞します。

●失敗しない管理のコツ

開花前に摘芯すると枝数が多くなり、花数が多くなります。日が当たると花を開くので、何よりも日当たりのよいところに置き、鉢土の表面が乾いたらたっぷり水をやります。肥料は少なめにし、特に窒素肥料を施し過ぎないようにします。花がらを残すと結実して開花期が短くなりますから、こまめに摘みとりましょう。

ここがポイント

①日当たりのよい場所に置きます。
②窒素分の多い肥料を与えると、株が軟弱になるので注意します。

キンセンカの鉢植え

'ウィンターサン'

クジャクサボテン

エキゾチックな大輪花を楽しむ

クジャクサボテン

クジャクサボテン

科名	分類
サボテン科	多肉植物

●栽培カレンダー

月	1	2	3	4	5	6	7	8	9	10	11	12
開花期												
置き場所	日のよく当たる室内			風通しのよいひなた			雨を防げる場所	強い直射日光は避ける		日のよく当たる室内		
植えつけ・植えかえ												
手入れ					挿し木	剪定						

森林性のサボテンの一種で、ゴージャスな花を咲かせます。花の形は月下美人によく似ますが、月下美人の花は夜開性であるのに対し、クジャクサボテンは日中に咲きます。

●買い方、選び方、楽しみ方

たくさんの花色があるので、開花期に花色を確かめて購入し、苗を選ぶときは、できるだけ大きく長い茎節で、がっしりと締まったものを選びます。あんどん仕立てにするのが普通ですが、小輪種などはハンギング仕立てにしても楽しいものです。

●失敗しない管理のコツ

春から秋にかけては、日当たりと通風のよい場所に置きますが、真夏は半日陰に移します。冬は霜の当たらない凍らない程度のところに置きます。水やりは4～7月は、鉢土の表面が乾いたらたっぷりと与えます。8月以降は水やりの回数を徐々に減らしていき、10～3月は鉢土を乾かしぎみに保ちます。5月と9月下旬に、それぞれ2回ほど薄い液肥を与えます。

●花が終わったら

咲き終わった花がらは早めに摘みとり、2年に1回、サボテン用の培養土で植えかえます。適期は真夏を除いた5月中旬～9月です。

‘シンデレラ’

ここがポイント

①花芽をつけさせるには、8月以降、水やりを減らすことが大切です。

②翌年も花を楽しむには、2年に1回植えかえます。適期は5月中旬～9月(真夏は除く)。

クレマチス

シックな雰囲気のつる性植物

科名
キンポウゲ科

分類
落葉・常緑つる性木本

●**栽培カレンダー**

月	1	2	3	4	5	6	7	8	9	10	11	12
開花期					■	■	■		■	■		
置き場所	風通しのよいひなた	風通しのよいひなた	風通しのよいひなた	風通しのよいひなた	風通しのよいひなた	風通しのよいひなた	風通しのよいひなた／一部の品種は遮光	一部の品種は遮光	一部の品種は遮光	風通しのよいひなた	風通しのよいひなた	風通しのよいひなた
植えつけ・植えかえ		■	■									
手入れ				誘引	誘引	剪定、挿し木	剪定、挿し木					

つるバラと並んで、壁面を飾る代表的なつる性花木です。庭植えではトレリスやアーチ、フェンスなどいろいろな使い方がされますが、コンテナでも盛んに楽しまれています。

●系統、品種のいろいろ

日本に自生するカザグルマを交配親として作出されたパテンス系、中国原産のラヌギノーサを元に作出されたラヌギノーサ系、イギリスで作出されたジャックマニー系、テッセン系の八重咲きであるフロリダ系、南欧原産のビチセラから作出された小輪のビチセラ系、アメリカ原産の自生種から作出されたテキセンシス系など、数多くの系統があり、驚くほど多くの品種がつくり出されています。

ラヌギノーサ系やジャックマニー系、ビチセラ系は四季咲き性です。

●買い方、選び方

幼苗のうちは弱いので、初心者は1年生苗よりも2年生苗を求めたほうがよいでしょう。地上部に前年枝があるのが2年生苗です。ポットの鉢穴から根がのぞいているような、根のしっかり張った苗を選びましょう。

●失敗しない管理のコツ

植えつけ　休眠中の2〜3月が植えつけの適期です。腐植質に富んだ肥沃な培養土で植えます。突然に地上部が枯れる立枯病に備え、土中に2〜3節を埋めておく（休眠芽を準備しておく）のがコツです。

置き場所　一年を通じて日のよく当たる場所

ビチセラ系'エミリア プラター'、'ホーゲルビー ホワイト'

ラヌギノーサ系'H.F.ヤング'

インテフォグリア‘ヘンダーソニー’

‘レッドスター’

タングチカ

ラヌギノーサ系‘ラザースターン’

‘カルトマニージョー’

モンタナ

テッセンの鉢植え

に置きます。

水やり　鉢土の表面が白っぽく乾いたらたっぷりと与えます。冬季、休眠中の株も同様です。

肥料　3～10月中旬まで、週に1回、規定の濃度に薄めた液肥を施します。

病害虫　新芽が伸び出したころはヨトウムシやナメクジの食害に注意します。夏から秋にかけてハダニやアオムシ、アブラムシなどが発生したら、殺ダニ剤やスミチオンなどを散布して駆除します。うどんこ病にはベンレートなどの殺菌剤を月1回散布して予防に努めます。

●花が終わったら

系統によって花のつき方が異なるので、剪定の仕方もそれに合わせる必要があります。新枝に花が咲く四季咲き性のジャックマニー系やビチセラ系は花後、思い切って剪定をします。パテンス系やモンタナ系など前年に伸びたつるの節々に花をつけるタイプは、花後に花首を切る程度の弱剪定にとどめます。ラヌギノーサ系、フロリダ系など新・旧両枝咲きタイプは、どこで切っても心配ありません。

ここがポイント

①系統によって開花習性が異なるので、その品種に合った的確な剪定を行います。

②植えるときは立枯病に備え、土中に2～3節を埋め、休眠芽を準備しておきます。

③休眠中も水ぎれしないようにします。

シザンサス

蝶の群れを思わせる華麗な花

別名	コチョウソウ、ムレコチョウ
科名	キク科
分類	秋まき一年草

● 栽培カレンダー

月	1	2	3	4	5	6	7	8	9	10	11	12
開花期			■	■	■							
置き場所	明るい室内			ひなた								
植えつけ・植えかえ				植えつけ								
手入れ										タネまき		

シザンサス

シザンサスのハンギングバスケット

蝶のように華麗な花が密に咲くことから、欧米ではポピュラーな花で、プアーマンズオーキッド（貧者のラン）の英名があります。日本では、やや育てにくいため、以前はあまり見かけませんでしたが、近年、矮性タイプの品種が鉢花として盛んに出回るようになりました。株いっぱいに花をつけるのでハンギングバスケットに仕立てるとみごとです。

● 失敗しない管理のコツ

タネからも育てられますが、1月ごろから出回る開花株の鉢植えを購入して、日当たりのよい室内の窓辺に置いて楽しみます。霜の心配がなくなったら、戸外に出します。雨を嫌うので、風通しと日当たりのよいベランダに適します。過湿にすると根腐れしやすいため、植えかえるときは水はけのよい用土で植え、表土が十分乾いてから水を与えるようにします。開花株には週1回、薄めの液肥を与えましょう。

デンファレ

手軽に楽しめる洋ラン

科名	ラン科
分類	非耐寒性多年草

● 栽培カレンダー

月	1	2	3	4	5	6	7	8	9	10	11	12
開花期					■	■	■	■				
置き場所	ガラス越しの日光が当たる暖かい室内				ひなた（真夏の西日は避ける）							
植えつけ・植えかえ					■							
手入れ					花がら摘み							

デンファレ

'メロディ'

同じデンドロビウムでも、冬のギフト用鉢花として広く出回っているノビル系とは異なり、バルブの先端にすらりと長い花茎を伸ばして、コチョウランの花形に似た華やかな花をいくつも咲かせます。洋ランの中では比較的安価ですから、手軽に楽しめます。

● 失敗しない管理のコツ

デンファレは熱帯性の植物です。秋から早春にかけて多く出回りますが、できれば春に入ってから購入するほうが安心です。最低温度が15度を超えるようになったら戸外に出し、日光と風に当てますが、梅雨時の冷たい雨には当てないようにし、真夏の西日も避けるようにしましょう。水は植え込み材料が乾いたら与えます。肥料は新芽が伸びだしてから秋の中ごろまで、週1回、液肥を与えます。10月末になったら室内にとり入れ、冬の間、最低10度以上を保つようにします。植えかえは2～3年に1回、5月に行います。

62

シャクナゲ

色彩豊かでゴージャスな花

'レン'

'プレジデントルーズベルト'

科名	分類
ツツジ科	常緑広葉低木

●栽培カレンダー

月	1	2	3	4	5	6	7	8	9	10	11	12
開花期					■							
置き場所				ひなた				日陰		ひなた		
植えつけ・植えかえ			■							■		
手入れ										摘蕾		

大きな花が房状に咲く、見ごたえのある花木です。日本原産のものと西洋シャクナゲがありますが、鉢栽培されているのは、主に花が大きくて華やかな西洋シャクナゲです。

●買い方、選び方、楽しみ方

一般に苗を購入して植えつけます。苗は葉に厚みがあって緑が濃く、枝数が多く、バランスよく出ているものを選びます。

●失敗しない管理のコツ

植えかえの適期は3月と10月です。買った苗はこの時期に一回り大きな鉢に、水はけがよく保水力のある用土で植えかえます。西日を嫌うので、春と秋は午前中に日が当たり、午後、日陰になるところに置きます。鉢土の表面が乾いたら、たっぷりと水を与え、秋まで週1回水やりがわりに薄い液肥を施します。

花がたくさん咲きすぎると、翌年あまり花がつかなくなります。つぼみがたくさんついたときには、秋のうちに半分ほど摘蕾します。

●花が終わったら

夏は木陰など涼しいところに置いて、通常の水やりのほか夕方に葉水を与えます。肥料は秋と春の彼岸ごろに有機固形肥料を置き肥します。冬は寒風の当たらないところで保護します。

ここがポイント

①夏は木陰など涼しいところに置きます。

②つぼみがつきすぎたときには、秋のうちに半分ほど摘蕾します。

'パープルスプレンダー'

'パーシーワイズマン'

'夢路'

宿根バーベナ

花壇にコンテナに、大人気

'はなび'

宿根バーベナ

科名	分類
クマツヅラ科	耐寒性常緑多年草

●栽培カレンダー

月	1	2	3	4	5	6	7	8	9	10	11	12
開花期					■	■	■	■	■	■		
置き場所	ひなた											
植えつけ・植えかえ			■	■								
手入れ					挿し木	■	■	切り戻し				

小さな花ですが、茎数をふやして咲かせるとみごとな花つき株になります。コンテナの寄せ植えやハンギングバスケットに盛んに利用されるほか、カラフルなグラウンドカバープランツとしても人気です。一般家庭でよく栽培されているのは、テネラ系やタピアン系、花房の大きな'花手毬'など匍匐性のもので、品種、花色とも豊富です。

●買い方、選び方、楽しみ方

春にポット苗を購入して植えつけます。できるだけ茎葉の徒長していない、がっしりした苗を選びましょう。

●失敗しない管理のコツ

一年を通して十分に日の当たる場所で管理しますが、夏越し中に蒸れることがあるので、梅雨明け前にいったん刈り込むとよいでしょう。冬は霜や寒風を避けて軒下などに移します。乾燥を好むので湿りすぎは禁物です。鉢土の表面が十分に乾いてからたっぷり水を与えましょう。開花期が長いので、肥料ぎれは禁物です。3月下旬〜6月と9月に、月3回くらい液肥を施します。

プランタースタンドに飾った宿根バーベナ

'パラソル'

●翌年も花を咲かせるには

花がらはこまめに摘みとり、2年目の秋には新しい用土で植えかえましょう。

ここがポイント

①開花期が長いので、定期的に追肥を施して、株を疲れさせせないようにします。

②挿し木で簡単に苗がふやせます。

スイートアリッサム

カーペット状に広がって咲く芳香花

スイートアリッサムのハンギングバスケット

別名	科名	分類
ニワナズナ	アブラナ科	秋まき一年草

●栽培カレンダー

月	1	2	3	4	5	6	7	8	9	10	11	12
開花期				■	■	■			■	■	■	
置き場所			ひなた	ひなた	ひなた	ひなた	ひなた	ひなた	ひなた	ひなた	ひなた	
植えつけ・植えかえ			■									
手入れ			挿し木	挿し木					タネまき	タネまき		

地中海沿岸地方原産の多年草ですが、寒さに弱いので、通常、一年草として扱われています。線形で小型の葉をもち、密に茂ってクッション状になります。白または紅紫色の小さな花が株を覆うようにつき、甘い香りを漂わせます。開花期も長く、条件がよければ盛夏を除き、春から秋まで次々と開花します。

●買い方、選び方、楽しみ方

春先にポット苗が出回ります。間伸びしていず、葉色が濃く全体に締まった感じのものを選びます。普通は鉢植えや花壇の縁取りなどに植えて観賞しますが、大型の浅鉢に仕立てても見ばえがします。また、ハンギングバスケットに仕立てて、アプローチ沿いに飾ると、甘い香りを楽しむことができます。

スイートアリッサム

●失敗しない管理のコツ

植えつけは赤玉土6：腐葉土3：燻炭1の水はけのよい配合土で植えつけます。移植を嫌うので、根鉢をくずさないで植えつけます。その後は日当たりのよいところに置き、鉢土の表面が乾いたらたっぷり水を与えます。肥料ぎれしないように真夏を除き、週に1回液肥を施します。

ここがポイント

①水はけのよい配合土で植えつけます、
②関東地方以西の暖地では、春に挿し木でふやせます。
③開花期が長いので、真夏を除き、週に1回液肥を施します。

門扉に飾ったスイートアリッサムのハンギングバスケット

セイヨウオダマキ

花色が豊富な優しい花

‘マッカナジャイアント’

別名	科名	分類
アクイレギア	キンポウゲ科	耐寒性多年草

●栽培カレンダー

月	1	2	3	4	5	6	7	8	9	10	11	12
開花期												
置き場所		開花株・室内			ひなた			半日陰			ひなた	
植えつけ・植えかえ				植えつけ、植えかえ							植えつけ、植えかえ	
手入れ					タネまき							

花弁のように見えるがく片も、内側の花弁も5枚で、花の後ろに伸びた距《きょ》をもつ独特の花形をして、ややうつむいて咲きます。ヨーロッパや北アメリカで改良された園芸品種は、色彩が豊かで草丈が高く、優雅な草姿をしています。

●買い方、選び方

タネをまいても育てられますが、早春から出回るポット苗や開花株の鉢植えを購入すると簡単です。株元がぐらつかず、つぼみがたくさんついて、下葉が黄色くなっていないものを選びましょう。花色や花形が豊富なので、単植でも寄せ植えでも楽しめます。

●失敗しない管理のコツ

春と秋は日当たりのよいところに置き、高温多湿に弱いので、夏は西日の当たらない風通しのよい半日陰に移します。冬は地上部が枯れますが、戸外で越冬できます。開花中は液肥を施し、過湿に注意して、鉢土の表面が白く乾いてからたっぷり水を与えます。

●花が終わったら

タネをとらないときは、花がらは花茎の元から切りとり、花後にお礼肥を施します。3月か10月に植えかえますが、株が古くなると勢いが悪くなるので、2年に1回はタネをまいて株を更新したほうがよいでしょう。

ここがポイント

高温多湿に弱いので、夏は半日陰の涼しい場所に鉢を移します。

八重咲き品種
‘ウィンキーダブルレッドホワイト’

‘リトルランタン’

八重咲き品種
‘タワーライト ブルー’

ゼラニウム

窓辺やベランダを飾る

星咲きゼラニウム

科名	分類
フウロソウ科	半耐寒性常緑多年草

●栽培カレンダー

月	1	2	3	4	5	6	7	8	9	10	11	12
開花期				■	■	■	■		■	■	■	
置き場所	5度以上に保てるひなた			風通しのよいひなた				半日陰	風通しのよいひなた			■
植えつけ・植えかえ			■									■
手入れ			剪定				切り戻し					

窓辺を飾る代表的な鉢花です。性質が強く、開花期も長く、また簡単に苗がふやせるため、日本でも古くから親しまれています。一般にゼラニウムの名で流通しているのは、ペラルゴニウム・ゾナーレ系の園芸種です。

●買い方、選び方、楽しみ方

枝数が多く、節間の詰まった株を選びます。葉が黄ばんだものや根元が黒くなっているものは避けてください。長雨を嫌うので、プランターやコンテナに植え、ベランダや軒下などで楽しむのがよいでしょう。

●失敗しない管理のコツ

高温多湿を嫌うので、日当たりと風通しがよく、直接雨が当たらない場所に置きます。霜のおりる地域では冬の間だけ室内にとり込み、日の当たる窓辺で管理します。水は鉢土の表面が十分に乾いてから与え、春と秋に液肥を月に3～4回施します。

‘アメリカーナ’

●花が終わったら

春の花が咲き終わった梅雨のころに長く伸びた枝を半分ほど切り詰めます。本格的な剪定は3月下旬ごろに行います。1年たつと根詰まり状態となっているので、剪定と同時に新しい鉢に植え直します。

ここがポイント

①長雨を嫌うので、日当たりのよいベランダや軒下などで楽しむのに適します。

②よく伸びるので、梅雨のころに、長く伸びた枝を半分程度切り詰めます。

‘雲井鶴’

‘リトルレディー’

チューリップ

春の庭を色鮮やかに彩る

科名
ユリ科

分類
秋植え球根

●**栽培カレンダー**

月	1	2	3	4	5	6	7	8	9	10	11	12
開花期			━	━								
置き場所	━	━	ひなた	━	━	━	━	日陰に貯蔵	━	━	ひなた	━
植えつけ・植えかえ									━	━		
手入れ				花がら摘み		掘り上げ						

鮮やかな花色と独特の花形とで、春咲きの球根の中でも、最も広く親しまれています。

●系統、品種のいろいろ

開花期、草丈、花形などにより、いくつかの系統に分けられ、それぞれに数多くの品種があります。典型的な花形はトライアンフ系やダーウィン・ハイブリッド系ですが、よりデコラティブなものに八重咲き系、花弁の縁にこまかい切れ込みが入るフリンジド系、フリル状に波打つパーロット系などがあり、ユリ咲き系と呼ばれる弁先のとがった系統も人気を呼んでいます。最近は、小型の原種系も盛んに栽培されるようになりました。

●買い方、選び方

花色にこだわるのはもちろんですが、系統によって開花期が異なるので、寄せ植えにする場合は注意しましょう。球根は、大きくて充実した健全なものを選びます。表面に傷ないもの、発根部がきれいであることを確かめて購入します。

●楽しみ方

高性種は地植えや大型プランターに、やや草丈の低い系統はプランター植えに、矮性種は密に群植することで魅力が出ます。八重咲きやユリ咲きなどの品種も、まとめて植え込むと、変化に富んだ仕上がりが楽しめます。

●失敗しない管理のコツ

植えつけ　適期は9月下旬～10月。遅くとも11月中には植えつけるようにします。12月になって植えても花は咲きますが、年内に十分根を張らせ、少しでもしっかりした株作りをしておいたほうが、りっぱな花が見られます。

置き場所　ほとんどの秋植え球根は、冬の寒さにあわないと花芽が伸び出せません。室内

‘アペルドーンズ エリート’

原種系‘アルバコエルレア オクラータ’

八重咲き品種‘アイスクリーム’

‘ハッピージェネレーション’、‘カラーミシティック’の寄せ植え

原種系‘レディージェーン’

フリンジ咲き‘ベルソング’

‘ファッション’

ユリ咲き‘ウエストポイント’

チューリップの鉢植え

にとり入れるにしても、年内は戸外に置いて寒さにあわせます。

水やり　芽は年明け2月ごろまで伸びてきませんが、土中では根がどんどん伸びています。鉢土の表面が乾いたら、忘れずに十分に水を与えましょう。

肥料　一度限り花を咲かせればよいのであれば、特に必要ありません。翌年も咲かせたい場合のみ、花後に追肥をします。

病害虫　つぼみや花にアブラムシが発生しやすいので、早めに殺虫剤で駆除します。

●花が終わったら

花がらを子房ごと早めに摘みとり、化成肥料を与えて球根の肥大に努めます。6月に葉が枯れてきたら掘り上げ、日陰で風干後、涼しい場所に貯蔵します。ただし、暖地では2年目以降になると病気が出やすいので、新しい球根を求めることをおすすめします。

ここがポイント

①9月下旬～10月、11月中には植えつけます。

②鉢土の表面が乾いたら、冬も忘れずに十分に水を与えます。冬の間に乾燥がすぎると、生育が止まり、ウイルス病などにかかりやすくなります。

ディモルフォセカ

日光を受けて輝く大型のキク状花

科名
キク科

分類
一年草、半耐寒性多年草

●**栽培カレンダー**

月	1	2	3	4	5	6	7	8	9	10	11	12
開花期												
置き場所	多年草タイプは簡単な防寒を				ひなた		西日を避ける		ひなた			
植えつけ・植えかえ												
手入れ				花がら摘み								

'ピーチシンフォニー'

以前、ディモルフォセカの名で呼ばれていた多彩な花色をもつ多年草タイプは、現在はオステオスペルマム属に分類され、黄色やオレンジのつやのある花を咲かせる一年草タイプがディモルフォセカと分けられています。しかし、一般には両者を区別せず、どちらもディモルフォセカの名で流通することが多いようです。4～5月にかけて次々と開花します。

●買い方、選び方、楽しみ方

早春から出回り始めます。根元がしっかりしてぐらつかず、葉色が濃くてつぼみの多い株を入手しましょう。鉢植えのまま楽しんでもよいのですが、日当たりのよい傾斜地などに植えて楽しむこともできます。

●失敗しない管理のコツ

この仲間は、水はけのよい土壌と日当たりを好みます。日が当たらないと花が咲きません。また、鉢土の過湿を嫌うので、できるだけ乾かしぎみに管理します。多年草タイプは、梅雨明け後は西日を避けて夏越しさせます。半耐寒性なので、冬は凍らない程度に防寒しますが、暖地では戸外でも冬越しします。

ここがポイント

①花がら摘みをこまめに行うと、開花期が長くなります。
②できるだけ日光の当たる場所で管理します。
③水はけを好むので、乾かしぎみに育てます。
④多年草タイプは冬は凍らない程度の防寒を必要とします。

ディモルフォセカ

ネメシア

多彩な花色で寄せ植えでも人気

ネメシア

別名	科名	分類
ウンランモドキ	ゴマノハグサ科	半耐寒性秋まき一年草

●**栽培カレンダー**

月	1	2	3	4	5	6	7	8	9	10	11	12
開花期				■	■	■						
置き場所	室内	室内	室内	ひなた	ひなた	ひなた	ひなた	ひなた	ひなた	ひなた	ひなた／室内	室内
植えつけ・植えかえ				■								
手入れ									タネまき	タネまき		

ネメシアの鉢植え

南アフリカ原産のストルモーサ種を改良したもので、大輪で、赤や桃、黄色、紫などカラフルな色のほか、褐色のぼかしが入るなど多彩な花色が特徴です。近年は比較的落ち着いた色合いの宿根ネメシアも出回ります。

●買い方、選び方、楽しみ方

タネをまいても育てられますが、10月のころから出回るポット苗や、春先には店頭に並ぶ開花株の鉢植えを購入すると、簡単に栽培できます。ポット苗はつぼみが上がり始めたものを選びましょう。花が雨に弱いうえ、用土の過湿を嫌うので、鉢植えやハンギングバスケットで楽しみましょう。特にハンギングバスケット仕立てにすると、過湿になりにくく株が蒸れないのでおすすめです。

ネメシア

●失敗しない管理のコツ

寒さに弱いので、冬に購入した鉢花は室内の明るい窓辺に置きますが、暖房のある部屋に置くと株が軟弱になるので注意します。日当たりと風通しのよい、雨が直接当たらない軒下やベランダに置き、鉢土の表面が十分に乾いてからたっぷり水やりします。多湿を嫌うので、鉢皿に水がたまらないように注意し、春と秋に液肥を月2～3回ほど施します。

'シューティングスター'

ここがポイント

①多肥にすると徒長して倒れやすくなるので注意します。

②鉢の受け皿に水がたまる状態を嫌います。用土を乾かしぎみに保ちます。

ネモフィラ

澄んだ空色の花が魅力

ネモフィラ

別名	科名	分類
ルリカラクサ	ハゼリソウ科	秋まき一年草

●栽培カレンダー

月	1	2	3	4	5	6	7	8	9	10	11	12
開花期			■	■	■							
置き場所			ひなた	ひなた	ひなた							
植えつけ・植えかえ			■									
手入れ			花がら摘み	花がら摘み	花がら摘み				タネまき	タネまき		

代表的な種として、株いっぱいに澄んだ空色の花をつけるのが、メンジーシーです。英名はベイビーブルーアイズ（赤ちゃんの青い瞳）というかわいい名前がついています。そのほか、白色の花弁の弁先にくっきりとした紫色の斑点が入るマクラータがあります。

●買い方、選び方、楽しみ方

早春から春にポット苗や鉢花が出回ります。ひょろひょろとしていず、葉色も濃く、茎が太いがっしりした株を選びます。株元がぐらついているものや、下葉が黄色になっているものは避けます。鉢植え、ハンギングバスケットなどに植えて観賞するほか、花壇植えにできます。

ネモフィラの鉢植え

ネモフィラ メンジーシーのハンギングバスケット

●失敗しない管理のコツ

鉢花は日当たりのよいところに置いて、鉢土の表面が乾いたら水やりします。ポット苗を購入したら、移植を嫌う植物なので、根鉢をくずさないように、赤玉土に腐葉土を3割、川砂1割を混ぜた用土で、4〜5号鉢に植えつけます。開花中は花がら摘みをし、黄色になった下葉などをとり除きながら液肥を施して管理すると、花を長く楽しめます。

ここがポイント

①肥料ぎれしないように、月に2〜3回薄い液肥を施します。

②開花中は花がら摘みをこまめに行うと、花を長く楽しめます。

バコパ

株を覆って可愛い花が咲く

'ライラックミスト'

別名	科名	分類
ステラ	ゴマノハグサ科	半耐寒性常緑多年草

● 栽培カレンダー

月	1	2	3	4	5	6	7	8	9	10	11	12
開花期				■	■	■	■	■	■	■	■	
置き場所	軒下、室内			ひなた				半日陰		ひなた	軒下、室内	
植えつけ・植えかえ			■	植えつけ、植えかえ								
手入れ							切り戻し					

'ライムバリエガータ'

細い茎が這うように伸び、小さな花が株を覆うように咲き、コンテナやハンギングバスケットの縁取りなどで人気があります。花つきがよく、長期間咲き続けます。近年は、花色も豊富になり、大輪系の品種や斑入り葉の品種も出回ります。

● 買い方、選び方、楽しみ方

10月からポット苗、早春に開花株の鉢植えや吊り鉢が出回ります。よく分枝し、つぼみが多く、葉色のよいものを選びましょう。コンテナの縁取りとして植え込むと、コンテナ全体にリズミカルな動きが出ます。ハンギングバスケットに単植してこんもりとした草姿を楽しむこともできます。

● 失敗しない管理のコツ

日光を好むので、春と秋は日の当たる場所に置きますが、夏は暑さで花を休むことがあるので半日陰に移します。冬は0度あれば戸外で越冬できますが、強い霜に当てないよう、日当たりのよい軒下などに置きます。寒冷地では室内にとり込みます。生育中は水ぎれしないように、鉢土の表面が乾いたらたっぷり水を与えます。開花期が長いので、生育期から開花中までは肥料ぎれにならないよう液肥を施します。

春から初夏

'ジャイアントホワイト'

斑入りバコパとジャスミンの鉢植え

ここがポイント

高温多湿にやや弱いので、夏は半日陰に置き、生育中は水ぎれ、肥料ぎれにならないように注意します。

バラ

世界中で親しまれている人気の花木

科名
バラ科

分類
落葉広葉低木

●栽培カレンダー

月	1	2	3	4	5	6	7	8	9	10	11	12
開花期												
置き場所	風通しのよいひなた											
植えつけ・植えかえ	大苗			新苗								大苗
手入れ		冬季剪定			花後の剪定		夏季剪定					

華やかな花姿、甘い香り……。バラは花好きの人ならだれもが一度はつくってみたい花のひとつです。鉢植えでも庭植えでも楽しめます。

●系統、品種のいろいろ

大輪で豪華なハイブリッドティー、中輪房咲きのフロリバンダ、仕立てが自由なつるバラ、小輪で愛らしいミニアチュア、気品を漂わせるオールドローズなど、さまざまな系統があり、数多くの品種が出回っています。

●買い方、選び方

10月から2月ごろに大苗が市販されます。また、春になるとポット植えの新苗も出回ります。このほか、4～5月に売り出される鉢植えの開花株を求めてもよいでしょう。

●楽しみ方

つるバラはトレリスやパーゴラ、アーチなどにつるを誘引して楽しみます。ミニアチュア系は、ハンギングバスケットで楽しむこともできます。

●失敗しない管理のコツ

植えつけ　休眠期に出回る大苗は、できるだけ2月上旬までに植えつけましょう。枝を半分ほど切り詰めて植えるのがコツです。春になってから出回る新苗は、霜のおりない地域では、なるべく早い時期(4月～5月)に植え、寒い地方では5～6月に植えつけます。

置き場所　植えつけ後しばらくは半日陰の場所で養生させ、その後は風通しのよい、できるだけ日当たりのよい場所に置いて管理します。ただ、ベランダや屋上に置く場合は、鉢土が乾きすぎないよう注意しましょう。

水やり　鉢土の表面が乾いてきたら、たっぷり与えます。特に新芽が伸びる3月下旬から4月は水ぎれしやすいので注意します。

モダンブッシュローズ‘オレンジマザーズデイ’

トレリス仕立てにしたバラなどの寄せ植え

'マルゴズシスター'

'モーツァルト'

ミニバラ'ミス ピーチヒメ'

ミニバラ'花便り'

イングリッシュローズ'シャリファ アスマ'

肥料　株が疲れないよう、ときどき養分を補給してやる必要があります。追肥は一度に多く与えるのではなく、株の生育に合わせて何回にも分けて与えるようにしてください。緩効性化成肥料の置き肥がよいでしょう。

病害虫　葉の表面が白い粉をまぶしたようになるうどんこ病にはダコニールやトリフミン、葉に黒い斑点が出る黒点病にはサプロール乳剤、ハダニにはケルセン、アブラムシにはマラソン乳剤などを散布して防除に努めます。

●花が終わったら

花が咲き終えた枝は、半分ほどの長さを残し、外向きの五枚葉の上で切り戻します。8月下旬から9月上旬に枝先の$\frac{1}{5}$ほどを軽く切り詰めます。本格的な剪定の時期は2月から3月中旬で、このときはできるだけ深く切り込み、元気な新梢の発生を促します。

ここがポイント

①休眠期に出回る大苗は、できるだけ2月上旬までに10号くらいの深鉢に植えつけます。

②葉に黒い斑点が出る黒点病にはサプロール乳剤が特効薬です。

③新芽の出る時期は水ぎれに注意します。

ハゴロモジャスミン

甘い香りのある小花をたくさんつける

斑入り品種
'ミルキーウェイ'

春から初夏に香りのよい純白の小花が、1房に30～40輪ずつ群がり咲きます。普通は鉢栽培にしてあんどん仕立てで観賞しますが、関東地方以西ではフェンスやトレリス、壁面に誘引して観賞できます。

●失敗しない管理のコツ

日当たりのよい場所に置きます。冬に促成栽培のものを買ったときには、寒地ではよく日が当たる室内の窓辺などに置いて春まで保護してください。水やりは、鉢土の表面が乾いたらすぐに、たっぷり与えます。肥料は春と晩秋の年2回、緩効性化成肥料を置き肥します。

ハゴロモジャスミン

●花が終わったら

花後に伸びたつるを半分程度切り詰めます。冬は、関東以北では最低温度5度以上を保てる室内の日の当たる窓辺に置き、鉢土の乾きぐあいを見て、水やりを控えて越冬させます。

科名
モクセイ科

分類
半耐寒性常緑つる性木本

●栽培カレンダー

月	1	2	3	4	5	6	7	8	9	10	11	12
開花期			■	■	■							
置き場所	室内	■	■	■	■	■	ひなた	■	■	■	■	室内
植えつけ・植えかえ					■				■			
手入れ					■	整枝・剪定						

ブバルディア

香りのよい小さな花を房咲きにつける

'ロイヤルダフネ'

ブバルディアの鉢植え

科名
アカネ科

分類
半耐寒性常緑低木

●栽培カレンダー

月	1	2	3	4	5	6	7	8	9	10	11	12
開花期			■	■	■	■				■		
置き場所	■	室内	■	■	ひなた	■	■	半日陰	■	ひなた	■	室内
植えつけ・植えかえ				■	植えかえ							
手入れ						■	■ 挿し木					

メキシコ原産の小低木です。赤、ピンク、白などのかわいい筒状の小花が、枝先に花房をなして咲きます。花にはジャスミンに似た甘い香りがあり、鉢植えの開花株は矮化剤でコンパクトに仕立てられています。短日植物なので、日長処理と温度処理をすれば、ほぼ周年開花します。

●失敗しない管理のコツ

春から秋までは戸外の風通しのよいひなたに置きます。開花中は日当たりのよい室内で楽しんでもよいでしょう。水やりは表土が乾くのを待って行いますが、盛んに生育する時期は十分な水分が必要なので、水ぎれさせないよう注意しましょう。また、生育期は月に2～3回、液肥を施します。咲き終わった枝は短めに切り戻します。11月に入ったら室内の窓辺に移し、水やりを控えめにし5度以上を保つようにします。

ブルーデージー

青と黄色のコントラストが魅力

ブルーデージー

別名	科名	分類
ルリヒナギク	キク科	半耐寒性多年草

●栽培カレンダー

月	1	2	3	4	5	6	7	8	9	10	11	12
開花期												
置き場所		室内					ひなた					室内
植えつけ・植えかえ							植えかえ					
手入れ							挿し木、刈り込み					

長い花柄の先にマーガレットを小さくしたような花を1つ咲かせます。最も多く出回るのはアメロイデス種の青花で、中心の黄色とその周りをとりまく澄んだブルーの舌状花のコンビネーションが鮮やかな美しい花です。葉に淡黄色の斑が入るもの、細い葉をつけるもの、白花などもあります。

●買い方、選び方、楽しみ方

秋から出回りますが、一般には春に開花株の鉢植えを購入します。つぼみがたくさんついたもので、株張りのよいものを選びます。単体で植えても、季節の草花と寄せ植えにしても楽しめます。

●失敗しない管理のコツ

春と秋は日当たりと風通しのよいところに置き、鉢土の表面が乾いたらたっぷり水を与えます。高温多湿を嫌うので、夏は風通しのよい半日陰に移します。秋～春までは肥料を施して肥培します。

●花が終わったら

花がらをこまめに摘みとります。春の花が一段落したら草丈の半分くらい切り戻すと、春ほどではありませんが秋に再び花が咲きます。

ここがポイント

①3～5度で越冬できます。暖地以外では明るい室内にとり込み、水やりを控えてできるだけ日に当てます。

②日照不足では花が咲きにくくなるので、戸外の日当たりのよい場所で管理します。

斑入りブルーデージー

細葉ブルーデージーの鉢植え

プルンバゴ

涼感あふれる淡青色の小花

プルンバゴ　白花

プルンバゴ

別名	科名	分類
ルリマツリ、アオマツリ	イソマツ科	非耐寒性常緑低木

●栽培カレンダー

月	1	2	3	4	5	6	7	8	9	10	11	12
開花期												
置き場所		室内					ひなた				室内	
植えつけ・植えかえ												
手入れ								切り戻し				

寒さに弱いので主に鉢栽培で楽しまれています。晩春から秋に、細長い枝先に、フロックスの花に似た、淡青色の小花を次々に咲かせて、半球状の花穂になります。

●買い方、選び方、楽しみ方

春から秋に鉢花が出回ります。茎が太くて節間が詰まっているしっかりした感じのものを選びます。ハンギングバスケットやコンテナの寄せ植え材料としても好適です。関東地方以西の、冬季の最低気温が2～3度くらいのところでは、枝先が枯れても冬越しするので、庭植えにして楽しめます。

●失敗しない管理のコツ

鉢花を購入したら、よく日の当たる戸外に置き、11月になったら室内の凍らないところに置いて管理します。水やりは5～10月には鉢土の表面が乾いたらたっぷりと与え、冬は控えめにします。春から秋まで盛んに生育するので、花後に軽く切り戻すと、わき芽が出て次の花が次々に咲きます。春から秋までは薄めの液肥を定期的に施します。

●花が終わったら

3月下旬ごろ枝を短く切り詰めて、一回り大きな鉢に植えかえます。また、5～8月には挿し木で簡単にふやせます。

ここがポイント

①春から秋までは日の当たる場所で管理を。

②花後に切り戻すと、わき芽が出て次の花が咲きます。

プルンバゴの鉢植え

ベゴニア・センパフローレンス

一年じゅう花が咲き続ける

ベゴニア・センパフローレンスのコンテナ植え

斑入り品種'ルルカレッド'

科名	分類
シュウカイドウ科	春まき一年草

●栽培カレンダー

月	1	2	3	4	5	6	7	8	9	10	11	12
開花期												
置き場所	日のよく当たる室内				ひなた			明るい半日陰		ひなた		
植えつけ・植えかえ												
手入れ				タネまき				切り戻し				

鉢花に花壇に、最もポピュラーに利用されているベゴニアです。10度以上の温度があれば、ほぼ周年咲き続けるところから「四季咲きベゴニア」とも呼ばれています。本来は多年生の性質を備えていますが、日本の冬の気候だと戸外での冬越しは無理なので、一般には春まきの一年草として扱われてきました。

●買い方、選び方

開花中の株で、花色や株姿を確かめて購入します。株は節間が詰まり、全体にボール状にこんもりと茂ったものがよく、葉や茎が病気に侵されていないものを選びます。

●失敗しない管理のコツ

春や秋は日のよく当たるところに置き、夏は西日を避け、風通しのよい半日陰に置きます。鉢土の表面が乾いたら水をたっぷりと与えます。冬は室内のガラス越しの日光が当たる場所で、最低5度以上を保ち、水を控えます。肥料が不足すると花つきが悪くなります。開花中は液肥を月に2～3回施します。

●花が終わったら

花がらはこまめに摘みとり、草姿が乱れてきたら株全体の1/3くらいを切り戻してわき芽を吹かせ、株の仕立て直しを図ります。

ベゴニア・センパフローレンスの鉢植え

ベゴニア・センパフローレンス

ここがポイント

①長く咲き続けるのでこまめに花がらを摘み、追肥を施します。

②夏はやや遮光をして、風通しのよい涼しい場所に置き、冬は室内で最低5度以上保ちます。

ペチュニア

秋遅くまで絶え間なく咲き続ける

科名
ナス科

分類
春まき一年草、半耐寒性多年草

●**栽培カレンダー**

月	1	2	3	4	5	6	7	8	9	10	11	12
開花期												
置き場所	明るい窓辺または室内						ひなた					
植えつけ・植えかえ												
手入れ			タネまき					切り戻し		切り戻し		

晩秋に至るまで、休むことなく窓辺やベランダを彩ります。ハンギングに仕立てたり、大型のプランターにほかの草花と寄せ植えにして楽しむこともできます。

●系統、品種のいろいろ

非常に多くの品種があり、花色も、赤、ピンク、白、紫、青、黄などのほか、白い覆輪や縦縞の入るもの、中心に黄のぼかしが入るものなど多彩です。在来の品種では、巨大輪種にタイタン、カスケード系、大輪種にチャンピオン、フルコン、リカバラ、ファンタジー系など、また中輪種には、花つきがよく雨に強くて花壇向きの品種が多く見られます。このほか、近年は新しい系統の血を導入してつくられた'サフィニア'、'ミリオンベル'といった新タイプの品種群が出回り、その性質の強さと花つきのよさとで人気を呼んでいます。

●買い方、選び方

4～5月ごろに、3号ポットに植えられた花つき苗が多く出回るので、これを購入して育てます。苗は株張りがよく、茎が伸びすぎていないもの、下葉が黄色くなっていないもの、葉や花が萎縮したり、モザイク模様(ウイルス病)の入ってないものを選ぶようにしましょう。

●失敗しない管理のコツ

植えつけ　ポットから抜いてみて、根が回りすぎて袋状になっているものは、底の部分だけでも破っておきます。また、茎の伸びすぎているものは、思い切って半分以下に切り詰めておくとわき芽が伸び出し、こんもりとし

'アナベル オパークピンク'

門扉に飾られたペチュニアのハンギングバスケットと鉢植え

ペチュニアのハンギングバスケット

カリブラコア ハーモニーシリーズ
'ブルーレジェンド'、'オレンジアイ'、
'ハニーレモン'

'サフィニア　ブーケ'

ペチュニア

'ピンストライプ'

'クリーピア マジェンタ'

ペチュニアの鉢植え

た株に育ちます。元肥としてマグァンプKなどの緩効性化成肥料を入れておきましょう。

置き場所　なるべくならベランダや窓辺など、ひさしがあって直接雨がかからないところで、できるだけ日当たりのよい場所を選びます。ただし、建物の北側でも明るい間接光が当たるところであれば、けっこうよく咲きます。

水やり　水をきらすとしおれますが、水のやりすぎは根腐れの原因となるので、鉢土の表面が乾いたら十分与えます。

肥料　生長しながら絶えず咲き続けるので、肥料がきれると、とたんに花つきが悪くなります。元肥のほか、秋までずっと、7〜10日に1回、液肥を与え続けるようにしましょう。

●多年草タイプの花が終わったら

11月中旬〜下旬に地ぎわから10㎝ほど残して切り詰め、乾かしぎみにして霜の当たらないところで冬を越させます。寒い地方では室内へ持ち込みます。3月ごろになると、地ぎわから新芽が吹いてくるので、少しずつ水やりをふやし、4月に入ってから肥料を施すと、前年の2倍以上のボリュームに育ちます。

ここがポイント

①ひとしきり咲いたら、各枝を短く刈り込むと、わき芽が伸び、また姿よく咲きます。
②雨が苦手。特に梅雨時は注意を。

ペラルゴニウム

あでやかな花が魅力

‘パープルバタフライ’

科名	分類
フウロソウ科	非耐寒性常緑多年草

●栽培カレンダー

月	1	2	3	4	5	6	7	8	9	10	11	12
開花期				■	■	■						
置き場所	室内	室内	室内	ひなた	ひなた	ひなた	ひなた	ひなた	ひなた	ひなた	室内	室内
植えつけ・植えかえ									■	■		
手入れ									挿し木	挿し木		

　ゼラニウムと同じ仲間の花で、ゼラニウムにくらべ、あでやかな花を春から初夏にかけて咲かせます。花がみごとな大輪種のほか、葉に芳香があるハーブゼラニウムとの交配でできた芳香のある品種もあります。

●買い方、選び方、楽しみ方

　枝数が多く、枝がバランスよく配置されているものを選びます。茎が太く、節間が詰まってがっしりした感じのものがよいでしょう。鉢植えのほかプランターなどに群植すると見ばえがします。

●失敗しない管理のコツ

　日当たりを好むので、鉢花を買い求めたら、日当たりのよいベランダか軒下などで管理します。雨に弱いので、開花中は特に花に雨が当たらないように注意してください。鉢土の表面が乾いてきたら、たっぷり水を与えます。春と秋に液肥を月に2〜3回施します。

●花が終わったら

　9〜10月上旬ごろに草丈を1/3〜1/2に切り詰め、一回り大きな鉢に植えかえます。冬は夜間には暗くなり、5〜6度くらい以上に保てるところで冬越しさせます。水ぎれしないように注意し、やや乾かしぎみに水を与えます。9〜10月上旬には挿し木でふやせます。

ここがポイント

①日当たりのよいベランダなどで管理します。

②開花中は花に雨が当たらないよう置き場所に注意します。

‘モーニンググローリー’

‘エンジェルアイ シリーズ’

‘ジョイ’

ヘリオトロープの鉢植え

ヘリオトロープ

紫色の芳香花をつける

春から初秋にかけて、濃い紫色の小さな花が集まって咲き、大きな花房になります。強い香りではありませんが、俗にバニラ香と呼ばれる香りがあり、香水やポプリに利用されます。

●失敗しない管理のコツ

春～秋までは日の当たる場所に置き、冬は室内の日の当たる窓辺に置き、水やりを控えて5度以上保ちます。春から秋の生育期は水ぎれさせないように注意し、鉢土の表面が乾いたらたっぷり水を与え、月1～2回、液肥を施します。花が一段落したら切り戻すと、9月まで繰り返し花が咲きます。2～3年に1回植えかえます。

ヘリオトロープ

別名	科名	分類
ニオイムラサキ	ムラサキ科	半耐寒性常緑広葉小低木

●栽培カレンダー

月	1	2	3	4	5	6	7	8	9	10	11	12
開花期				■	■	■	■	■	■			
置き場所	■	室内	■	■	■	■	ひなた	■	■	■	室内	■
植えつけ・植えかえ						■						
手入れ					挿し木	■			■	挿し木		

ヘリプテルムの鉢植え

ヘリプテルム

ヘリプテルム

かさかさした可愛らしい花

別名	科名	分類
ハナカンザシ	キク科	半耐寒性一年草、多年草

●栽培カレンダー

月	1	2	3	4	5	6	7	8	9	10	11	12
開花期	■	■	■	■	■	■						
置き場所	■	軒下、室内	■	■	ひなた	■	■	半日陰	■	ひなた	■	軒下、室内
植えつけ・植えかえ			■	植えつけ								
手入れ									■	■	タネまき	

オーストラリア原産。花に含まれる珪酸質のため、カサカサして乾かしても色や形を保ちます。赤くて可愛いつぼみが開くと、薄紙を重ねたような白い花になり、次々とたくさん咲きます。花弁のように見えるのは、総苞片で、本物の花は中心の黄色い部分です。

●失敗しない管理のコツ

できるだけ日に当てますが、高温多湿を嫌うので梅雨期や夏は雨の当たらない涼しい半日陰に置きます。多年草は、冬、霜の当たらない軒下か室内で育てます。春と秋は液肥を1～2カ月に1回施し、鉢土の表面が乾いてから水を与えます。

ペンタス

傘状につく花がよく目立つ

ペンタス 白花

別名	科名	分類
クササンタンカ	アカネ科	非耐寒性多年草、非耐寒性半低木

●栽培カレンダー

月	1	2	3	4	5	6	7	8	9	10	11	12
開花期						■	■	■	■			
置き場所	室内	室内	室内	室内	ひなた	ひなた	ひなた	ひなた	ひなた	ひなた	室内	室内
植えつけ・植えかえ					■							
手入れ					挿し木	挿し木						

熱帯アフリカ、アラビア半島原産の非耐寒性多年草または半低木です。花は径1～2cmの小輪の5弁花で、20個以上が傘状にまとまってつきます。花色は赤、桃、白など。自然開花は初夏から初秋ですが、温室などで栽培されたものが春から出回ります。

●買い方、選び方、楽しみ方

熱帯性の草花なので、5月に入ってから入手するほうが管理は楽です。最低越冬温度が5～6度なので、普通は鉢栽培で観賞します。

●失敗しない管理のコツ

5～10月までは戸外の日当たりと風通しのよいところに置いて管理し、冬は室内で冬越しさせます。水やりは、根腐れしやすいので、春と秋は2～3日に1回、夏は毎日1回与え、冬は鉢土の表面が十分に乾いてから与えます。生育期の5～10月は2カ月に1回緩効性化成肥料を置き肥し、月に3回薄めの液肥を施します。

肥料ぎれすると、葉が黄色に変わるので注意しましょう。5～6月に茎の先端を4～5cm切りとり、挿し木でふやすことができます。

●花が終わったら

冬越しした株は、5月中旬～下旬に、赤玉土に腐葉土、川砂、堆肥などを混ぜた水はけのよい新しい用土で植えかえます。

斑入り品種

ここがポイント

①最低越冬温度は5～6度です。
②肥料ぎれしないように注意します。

ランケオラータ

ミムラスの鉢植え

ミムラス

ミムラス

半日陰でも育つ華やかな花

別名
モンキーフラワー

科名
ゴマノハグサ科

分類
秋まき一年草、多年草

●栽培カレンダー

月	1	2	3	4	5	6	7	8	9	10	11	12
開花期					■	■						
置き場所	霜よけ下、室内	霜よけ下、室内	霜よけ下、室内	明るい日陰	明るい日陰	明るい日陰	明るい日陰	明るい日陰	明るい日陰		霜よけ下、室内	霜よけ下、室内
植えつけ・植えかえ				植えつけ								
手入れ		■							タネまき			

北アメリカ原産の草花で、湿った半日陰を好みます。本来は多年草ですが、高温多湿を嫌うため、日本では一年草として扱われています。多少日当たりの悪い場所でも育ち、よく花をつけることから、ベランダでの栽培などにも適します。

●失敗しない管理のコツ

半日陰でも咲きますが、ひなたのほうが締まった株に育ちます。夏は風通しのよい半日陰で管理すると、夏越しすることもあります。乾燥を嫌うので、表面が乾いてきたらたっぷりと水を与えます。咲き終わった花がらは、そのつど花首の下で摘みとりましょう。

矮性ミントブッシュ

クリーピング ミントブッシュ

ミントブッシュ

早春に出回るさわやかな低木

別名
プロスタンテラ

科名
シソ科

分類
半耐寒性常緑低木

●栽培カレンダー

月	1	2	3	4	5	6	7	8	9	10	11	12
開花期		■	■	■	■							
置き場所	室内	室内	室内	ひなた	ひなた	ひなた	ひなた・半日陰	半日陰	半日陰・ひなた	ひなた	ひなた・室内	室内
植えつけ・植えかえ					植えかえ	植えかえ						
手入れ					切り戻し	切り戻し	挿し木					

正式な名称はプロスタンテラといい、オーストラリア原産の低木です。茎葉にさわやかなミントの香りがあり、葉腋に次々と咲く小花は青紫色、淡青色、ピンク、白と清楚な花色です。鉢植えのほか、コンテナへの寄せ植えやハーブとして楽しまれています。

●失敗しない管理のコツ

剪定、植えかえは花後に行います。適湿を好むので、腐植質に富んだ保水性のある用土で植えつけます。春と秋はひなたで、夏は西日を避けて半日陰で管理し、水ぎれを起こさないように注意します。冬は室内の日当たりのよい場所に置きます。

マーガレット

清楚で上品な花が魅力

別名
モクシュンギク

科名
キク科

分類
非耐寒性常緑多年草

●栽培カレンダー

月	1	2	3	4	5	6	7	8	9	10	11	12
開花期	■	■	■	■	■							■
置き場所	室内	室内	ひなた	ひなた	ひなた	ひなた	半日陰	半日陰	ひなた	ひなた	ひなた	室内
植えつけ・植えかえ			■	■								
手入れ					挿し木				挿し木			

'オレンジ'

カナリー諸島原産で、17世紀にヨーロッパにもたらされ、フランスで改良が行われたので、パリ・デージーという別名があります。日本へは明治時代に渡来し、モクシュンギクの和名があります。強い寒さを嫌うので、主に春の鉢花として楽しまれますが、無霜地帯では露地で越冬し、半低木状になります。

●系統、品種のいろいろ

純白の一重咲きのほかに、黄色、ピンク、八重咲きもあります。鉢花用にはシュンギクとの交配でつくられたものやオーストラリアで改良されたものなどがあります。特に、オーストラリアで改良された品種は、コンテナに向く矮性種で、八重咲きや花の中心の筒状花が密に咲く丁子咲きもあり、華やかなので、人気があります。

●買い方、選び方

秋からポット苗や鉢花が出回ります。苗も開花株の鉢植えも、つぼみがたくさんついていて、葉色がよく、茎が太く、節間が詰まってしっかりした勢いのあるものを選びます。

●楽しみ方

好みの花色を鉢に単体で植えるほか、コンテナガーデンなどの寄せ植え材料にします。大鉢に植え、摘芯を繰り返してこんもりと仕立てると花時はみごとになります。

●失敗しない管理のコツ

植えつけ　植えつけ適期は3月下旬~4月中旬です。赤玉土6：腐葉土3：堆肥1の配合土または市販の草花用培養土を用いて、5号鉢に1株の目安で根鉢を崩さずに植えます。

置き場所　1年を通して、風通しがよく、よ

マーガレットの鉢植え

ファーブラーシリーズ'ゲブラスター'

マーガレット

マーガレット

'サマー メロディー'

マーガレットの鉢植え

く日が当たるところに置いて管理しますが、高温多湿を嫌うので、真夏は直射日光の当たらない半日陰に移します。霜に当たると枯れるので、冬は室内にとり込み、日あたりのよい窓辺などに置きます。霜のおりない暖地では戸外で越冬します。

水やり　1年を通して鉢土の表面が乾いたらたっぷりと与えます。

肥料　4～10月までは1～2カ月に1回緩効性化成肥料を、または月に2～3回液肥を施します。

病害虫　株元が黒ずんで枯れる立枯病には、多湿にならないように管理して予防します。また、アブラムシが発生するとつぼみが開かないことがあります。4～10月は適用のある殺虫剤を散布して駆除します。

●花が終わったら

花がらは花茎のもとで切りとり、入梅前に茎を切り詰めて、半日陰の涼しいところで夏越しさせます。ふやしたいときには5月と9月につぼみの少ない枝先を切りとり、2～3時間水揚げした後、赤玉土に挿します。

ここがポイント

春、秋はよく日に当てますが、夏は涼しい半日陰で管理します。冬は室内に。

ラベンダー

香り高い魅力的な花

科名
シソ科

分類
耐寒性常緑多年草

●栽培カレンダー

月	1	2	3	4	5	6	7	8	9	10	11	12
開花期					■	■	■	■	■			
置き場所		室内					ひなた					室内
植えつけ・植えかえ					■	■						
手入れ				タネまき		収穫もしくは花後に切り戻す						

'ナナ スイート'

初夏に多数の花茎を伸ばして、青紫色や白色の小花を穂状につけ、すばらしい香りを漂わせる人気のハーブです。ヨーロッパでは古くから栽培され、数々の効用をもつ精油の香りが、人々の暮らしに役立ってきました。濃紫色で大株になるイングリッシュラベンダー(トゥルーラベンダー)系は見ごたえがあり、北海道の初夏を彩る風物詩になっていますが、夏の暑さに弱く、冷涼地向きの品種です。東京以西の平地では、葉が鋸歯状になるデンタータ種(フレンチラベンダー)、羽状葉となるピンナータ種が育てやすいラベンダーです。また、四季咲きで葉が羽状になるレースラベンダーなどがあります。

●買い方、選び方、楽しみ方

鉢花は一年を通して出回りますが、春に購入するほうが、管理が楽にできます。節間が詰まっていてがっしりした感じの株で、花数が多く、バランスよくついているものを選びます。また、春に出回るポット苗を購入して植えつけることもできます。

●失敗しない管理のコツ

植えつけ ポット苗は、5～6月に植えつけます。弱アルカリ性の土壌を好むので、石灰を少し混ぜた水はけのよい用土で植えつけます。水はけの悪い粘土質の用土は禁物です。

置き場所 豊富な日照を必要とするので、できるだけ日当たりと風通しのよいところに置きます。鉢土の表面が乾いたら、たっぷり水

たるのコンテナに植えたラベンダー

レースラベンダー ピンナータ

ストエカスラベンダー‘キューレッド’

ラベンダー

イングリッシュラベンダー
‘ヒドコート’

イングリッシュラベンダー
‘コンパクト ホワイト’

‘アロマティコ’

を与えます。デンタータ種やピンナータ種は夏の暑さに強い反面、冬の寒さに弱いといわれますが、軽い霜程度ではなんともありませんから、東京以西でしたら南側の軒下にでも移してやれば、まず心配ありません。

肥料　植えつけ時に元肥として緩効性化成肥料を用土に混ぜ込み、その後は開花、収穫後にお礼肥として完熟堆肥などの有機肥料を施します。

病害虫　気になるほどの病害虫はありません。

タネから育てる　4～5月ごろ、鉢または苗床にばらまきします。用土はパーライトやバーミキュライトなどが適しています。こまかいタネなので砂などをまぶして均一にまくようにし、2～3㎜覆土をします。発芽、生育ともに遅いので、秋までにしっかりした苗に仕立てることが大切です。この場合、開花は翌年からとなります。

挿し木　春と秋に、若枝を5～6㎝の長さに切り、挿し木をしてふやすこともできます。

●開花したら

初夏に開花したら、蒸れるのを防ぐために、収穫を兼ねて、花穂の下葉2～4枚の位置で切りとり、草姿を整えます。

ここがポイント

①石灰を混ぜた水はけのよい用土で植えます。
②日当たりと風通しのよい場所で管理します。
③南側の軒下など、強い寒さを防げる場所で冬越しさせます。

リナリア

小さな花が穂状に咲く

リナリアの鉢植え

別名	科名	分類
ヒメキンギョソウ	ゴマノハグサ科	秋まき一年草、耐寒性多年草

●栽培カレンダー

月	1	2	3	4	5	6	7	8	9	10	11	12
開花期				■	■	■						
置き場所	ひなた	ひなた	ひなた	ひなた	ひなた	ひなた			ひなた	ひなた	ひなた	ひなた
植えつけ・植えかえ			植えつけ									
手入れ	霜よけ	霜よけ	霜よけ						タネまき			霜よけ

基部からたくさんの茎を立ち上げて　キンギョソウに似た小さな花を穂状につけます。花色は赤、紅紫、桃、橙、黄、紫、青、白、緑など豊富です。よく栽培されているのは、種間交配でつくられた一年草の園芸品種ですが、同じ仲間には多年草もあります。

●買い方、選び方、楽しみ方

自然開花では4月中旬から6月中旬ですが　鉢花としては秋から春にかけて出回ります。全体としてがっしりした感じで、つぼみの多いものを選びます。下葉が黄色くなっているものは避けましょう。また、タネから育てて、大きなコンテナに群植すると、一段と見ばえがします。

リナリア

●失敗しない管理のコツ

日当たりでも半日陰でも育ちます。鉢土の表面が乾いたら水をたっぷりと与えます。タネから育てる場合は、9月中旬～下旬にタネをまきます。タネは微細なので、タネが隠れる程度に薄く覆土します。普通は直まきとしますが、4号ほどのポットにまき、春に定植することもできます。密植状態でもよく開花するので、間引く必要はありません。

ここがポイント

①がっしりした感じで、つぼみの多い株を選びます。

②基本的にはひなたを好みますが、半日陰でも育ちます。

リナリア

ロドヒポキシス

可憐な花を咲かせる小球根

'千代鶴'

'ルビーの輝き'

別名	科名	分類
アッツザクラ	コキンバイザサ科	春植え球根

●栽培カレンダー

月	1	2	3	4	5	6	7	8	9	10	11	12
開花期					■	■						
置き場所	軒下など		ひなた				半日陰		ひなた		軒下など	
植えつけ・植えかえ			■									
手入れ												

4〜5月ごろ、サクラに似た花をつけた小さな鉢花が出回ります。別名アッツザクラと呼ばれますが、アッツ島には関係はなく、南アフリカ原産の球根植物です。暑さと寒さに弱いので鉢花として親しまれています。

花径2cm前後の小輪種から5cm前後の大輪種まで、花色も赤、桃、白といろいろです。

●買い方、選び方、楽しみ方

一般に浅鉢や小鉢に山野草風に植えて売られています。葉色が濃く、勢いのありそうな株で、好みの花色のものを選びます。

●失敗しない管理のコツ

開花株を求めたらひなたで、7月ごろからは半日陰の涼しいところに置いて管理します。鉢土の表面が乾いたら、水をたっぷりと与えます。暑い夏の間は、肥料は施しません。

ロドヒポキシス（八重咲き）

●花が終わったら

秋になって葉が残っている間は月に2回液肥を施します。葉が黄色く枯れたら水をきって乾燥させて鉢ごと凍らない場所に置いて冬越しさせます。または、球根を掘り上げてやや湿ったバーミキュライトで包んで室内で貯蔵しておきます、どちらも3月中旬〜下旬に再び、緩効性化成肥料を元肥にして、草花用培養土で植えつけます。

'こまどり'

ここがポイント

①夏は半日陰の涼しいところに置きます。

②冬は水をきり、凍らないところで冬越しをさせます。

ロベリア

鉢からあふれ咲く姿がみごと

エリヌス

科名	分類
キキョウ科	秋まき一年草、半耐寒性多年草

●栽培カレンダー

月	1	2	3	4	5	6	7	8	9	10	11	12
開花期					■	■	■		■	■	■	
置き場所			ひなた	ひなた	ひなた	ひなた	ひなた	ひなた	ひなた	ひなた	ひなた	
植えつけ・植えかえ			■	■								
手入れ							切り戻し		タネまき（一年草）	タネまき（一年草）		

目の覚めるような藍色の小花が株を覆って咲きます。南アフリカの自生地では多年草ですが、暑さ寒さに弱いため、一年草として扱います。近年は多年草として扱うものも出回り、人気を得ています。

●買い方、選び方、楽しみ方

春につぼみのついた鉢花が出回ることもありますが、できれば3月ごろに出回るポット苗を手に入れて鉢やハンギングバスケットに植えるほうが、根張りもよく、形も乱れず、花つきもよくなります。

●失敗しない管理のコツ

市販の草花用培養土で植えつけます。ひなたから半日陰で育ちますが、日当たりのよいほうが株が乱れず、株を覆うようにこんもりと咲きます。咲きだしたら半日陰に置いても大丈夫です。水やりはひどく乾かすと株がしおれて元に戻らないことがあるので、鉢土の表面が乾いたらたっぷりと与えます。肥料は春と秋に月2回ほど液肥を施し、夏は施しません。

●花が終わったら

夏に花がとぎれたら、軽く切り戻して風通しのよい涼しいところで夏越しさせると、秋には再び開花します。

バスケットに植えたロベリア

ここがポイント

①半日陰でも育ちますが、日当たりのよいほうが株姿が乱れません。

②夏は切り戻して、涼しいところで管理を。

‘ブルースター’

アサガオ

さわやかな夏の朝の風物詩

セイヨウアサガオ　'ヘブンリーブルー'

アサガオのハンギングバスケット

科名	分類
ヒルガオ科	春まき一年草

●栽培カレンダー

月	1	2	3	4	5	6	7	8	9	10	11	12
開花期							■	■	■			
置き場所					■	■	ひなた	■	■			
植えつけ・植えかえ						■	植えつけ					
手入れ				タネまき	■	■	あんどん仕立て					

真夏を彩る代表的な花で、朝顔市など夏の風物詩になっています。

●**買い方、選び方、楽しみ方**

花つきの鉢花を求めるときには、葉に厚みがあっていきいきしたものを選びます。

●**失敗しない管理のコツ**

開花鉢を求めたら、日当たりのよいところに置き、毎朝たっぷりと水やりします。

●**タネから育てる**

タネまきは5月上旬～中旬に、一晩水に浸して大きくなったタネを赤玉土小粒のまき床にまき、1㎝くらい覆土します。水をたっぷり与え、日当たりのよいところで乾かさないように管理します。双葉が開いたら、3～4号鉢に移植し、本葉が4～6枚出たら6～8号鉢に定植します。用土は赤玉土6：腐葉土3：バーク堆肥1の混合土にします。定植後からつぼみが見えるまで、薄い液肥を月に2～3回施します。

あんどん仕立て

本葉が8～9枚出たら、本葉を6枚残して先端を摘みとります。本葉3、4、5枚目のわき芽が15～20㎝になったら、つぼみつきのいちばんよいつるを1本残して支柱を立てて絡ませます。

ここがポイント

①開花近くまでは、水やりを控えめにして、つるが徒長しないように管理します。

②開花株は、水をきらさないように毎朝たっぷり水を与えます。

アサガオのあんどん仕立て

インパチェンス

こんもりと茂る夏花の代表花

別名
アフリカホウセンカ

科名
ツリフネソウ科

分類
春まき一年草、非耐寒性多年草

●栽培カレンダー

月	1	2	3	4	5	6	7	8	9	10	11	12
開花期					■	■	■	■	■	■		
置き場所						ひなた		半日陰		ひなた		
植えつけ・植えかえ					■							
手入れ					タネまき				切り戻し			

こんもりと茂り、株を覆うように花をつけます。栽培が容易で初夏から秋まで咲き続ける、夏の代表的な草花です。

●系統、品種のいろいろ

多く栽培されているのが南アフリカ原産のインパチェンス(アフリカホウセンカ)です。本来は多年草ですが寒さに弱いため、春まき一年草として扱われています。花色が豊富で、花つきのよい品種がたくさん出回っています。八重咲き種もあります。このほかニューギニア原産種をもとに育成されたニューギニアインパチェンスがあります。インパチェンスに比べると大輪多花性で、比較的暗い場所でも花を咲かせるので、環境がよければ一年中花を見ることも可能です。葉に淡黄や赤などの斑が入るものや銅葉の品種もあります。

●買い方、選び方

インパチェンスは、十分に暖かくなる5月以降に苗を求めます。大きく伸びすぎたものより、節間が短くよく締まったものを選びます。下葉の落ちたものや、葉が黄色くなったものは避けます。ニューギニアインパチェンスは鉢花として市販されていますので、花を見て、気に入った花色を求めます。

●楽しみ方

鉢植え、バスケット植えのほか、花壇に植えて楽しめます。ニューギニアインパチェン

シーシェル インパチェンス

サンパチェンスの鉢植え

インパチェンスの鉢植え

サンパチェンス‘斑入りサーモン’

ニューギニアインパチェンス
‘バイオレット’

‘サルサレッド’

‘スーパークラーチェリー’

スは主に鉢花として観賞します。

●失敗しない管理のコツ

植えつけ　赤玉土、ピートモス、バーミキュライトの等量混合した用土を用い、プランターでは10㎝間隔で、5号鉢で2株を目安に植えつけます。

置き場所　日当たりを好みますが、暑くなる梅雨明けごろからは、風通しのよい明るい半日陰の涼しいところに置きます。夏でも涼しいところではひなたに置いてもよく咲きます。11月になると花も少なくなって、そのままでは戸外に置くと枯れてしまいますが、10度以上ある日当たりのよい室内で管理すると、越冬します。

肥料　開花期が長いので、肥料ぎれしないように1週間に1回液肥を施します。

株の手入れ　花を長く楽しめるように、こまめに花がら摘みを行います。夏に生育が止まったものは秋に備えて、8月下旬ごろに1/2くらいに切り詰めます。切り詰めた枝を挿し穂にして、川砂などに挿してふやすことができます。

ここがポイント

①水ぎれさせないこと。特にニューギニアインパチェンスは、乾燥するとハダニの害を受けやすいので注意します。

②次々と花が咲くので、花がら摘みを忘れてはいけません。

アブチロン

小さな赤い提灯のような花が魅力

‘姫リンゴ’

斑入り品種
‘スーベニア デ ボン’

別名	科名	分類
ウキツリボク、チロリアンランプ	アオイ科	半耐寒性常緑広葉低木

●栽培カレンダー

月	1	2	3	4	5	6	7	8	9	10	11	12
開花期						■	■	■	■	■	■	
置き場所	室内	室内	室内	室内	ひなた	ひなた	ひなた	ひなた	ひなた	ひなた／室内	室内	室内
植えつけ・植えかえ					■							
手入れ											切り戻し	

ブラジル原産の低木で、人気種のウキツリボクは枝が2mくらいになり、丸みのある真っ赤な萼《がく》が枝から垂れ下がり、その中から黄色い花びらをあらわします。

その様子が赤い炎をともしたランプのように見えることから、「チロリアンランプ」の名で市販されています。

●買い方、選び方、楽しみ方

アブラムシなどの害虫がついていない元気な苗を選びます。細い枝を伸ばし、3度以上あれば次々と花を咲かせるので、フェンスやトレリスなどに枝を誘引して楽しんだり、支柱を立ててスタンダード仕立てにして、しだれる枝に咲く花を観賞します。生長が速いので、5月上旬～中旬に苗を植えれば夏には十分花が楽しめます。関東地方南部以西の暖地であれば、庭植えで楽しむことができます。

●失敗しない管理のコツ

5月に入り、十分暖かくなってから、水はけのよい用土に堆肥を多めにすき込んで植えつけます。ひなたから落葉樹下の明るい日陰でもよく育ちます。水やりは鉢土の表面が乾いたらたっぷり与えます。肥料は春から秋まで追肥を施すと、花つきがよくなります。伸びた枝は適宜剪定します。

ここがポイント

①暖地では庭植えもできます。

②寒地では秋に枝を切り戻し、日のよく当たる室内で冬越しさせ、5月に植えかえます。

‘初恋’

エキザカム

初夏から秋を彩る鉢花

別名	科名	分類
ベニヒメリンドウ	リンドウ科	春まき一年草

●栽培カレンダー

月	1	2	3	4	5	6	7	8	9	10	11	12
開花期						■	■	■	■	■		
置き場所			ひなた(真夏は西日を避ける)									
植えつけ・植えかえ						植えつけ						
手入れ			タネまき				花がら摘み					

アラビア半島の南にあるソコトラ島原産の一年草で、初夏から秋にかけて青や白の小花をたくさんつけます。花は一重咲きと八重咲きがあります。また、葉に白色や黄白色の覆輪斑が入る品種が登場しています。

●買い方、選び方、楽しみ方

間伸びしていないしっかりと締まった株を選びます。乾燥にはよく耐えるものの、夏の高温多湿や冬の寒さに弱いので、鉢栽培にします。花に甘い香りがあるので、吊り鉢にして身近なところに飾るとよさが引き立ちます。

●失敗しない管理のコツ

真夏は西日の当たらない風通しのよいところに、春と秋はひなたに置きます。根腐れしやすいので、春と秋は鉢土の表面が乾いたらたっぷり与え、夏は毎日午前中に与えます。肥料は、開花期が長いので、肥料ぎれしないように、月に2回薄めの液肥を施します。

●タネから育てる

3～4月にタネをまきます。発芽適温が25～30度と高いので、フレームなど保温設備の中で、ピートバンにまきます。本葉4～5枚で鉢上げし、日当たりのよいところで管理し、1～2回摘芯して枝数をふやし、6月に定植します。

ここがポイント

①高温多湿や冬の寒さに弱いので鉢植え向き。

②日照を好みますが、真夏は西日が当たらず風通しのよい場所で管理します。

エキザカム

'ベンガルブルー'

'ブルーロココ'

エボルブルス

青い花が吊り鉢に映える

エボルブルスのハンギングバスケット

別名	科名	分類
アメリカンブルー	ヒルガオ科	非耐寒性常緑多年草

●栽培カレンダー

月	1	2	3	4	5	6	7	8	9	10	11	12
開花期						■	■	■	■	■		
置き場所	室内	室内	室内	ひなた	ひなた	ひなた	ひなた	ひなた	ひなた	ひなた	室内	室内
植えつけ・植えかえ				■	■							
手入れ				切り戻し	切り戻し							

別名をアメリカンブルーというように、青い花を初夏から秋にかけて次々と咲かせます。日本に導入されたのは90年代で、比較的新しい花なのですが、透き通ったブルーの花色が好まれ、花つきがよいことから、鉢花として普及しています。

●買い方、選び方、楽しみ方

茎がひょろひょろとしていず、節間の詰まったものを選びます。下葉が黄色になっていたり、虫食いの跡のあるものは避けます。寒さにやや弱いので、鉢栽培で観賞します。半つる性で横に広がるので、吊り鉢にすると見ごたえがあります。また、水はけのよい石垣の間やロックガーデンに植えて楽しむこともできます。

●失敗しない管理のコツ

鉢花を購入したら、日当たりと風通しのよいところに置きます。冬は日当たりのよい室内に置いて管理します。水やりは鉢土の表面が乾いたらたっぷり与え、冬は控えめに与えます。肥料は、生育期の5～9月に、緩効性化成肥料を少量施すだけで十分です。冬越しさせた株は4～5月に植えかえ、伸びすぎた枝を切り戻して姿を整えます。

ここがポイント

①枝が横に這うので、吊り鉢にすると枝が垂れて見ばえがします。

②冬は日当たりのよい室内で、水やりを控えめに管理します。

エボルブルスのプランター植え

エンジェルストランペット

垂れて咲く花がエキゾチック

サンギナリア

エンジェルストランペット

別名	科名	分類
ブルグマンシア、キダチチョウセンアサガオ	ナス科	半耐寒性常緑低木

●栽培カレンダー

月	1	2	3	4	5	6	7	8	9	10	11	12
開花期						■	■	■	■	■		
置き場所	ひなた	ひなた	ひなた	ひなた／室内	室内	室内	室内	室内	室内	室内	室内／ひなた	ひなた
植えつけ・植えかえ				■	■							
手入れ										挿し木	挿し木・切り戻し	

南アメリカ原産で、花冠が15～17cmもあるラッパ形の花を下垂させることから、エンジェルストランペットと呼ばれています。以前はダツラ属でしたが、幹が木質化し、花が下向きに咲くことなどから、現在はブルグマンシア属に分類されています。白花のほかに黄、ピンク、橙などがあります。

●買い方、選び方、楽しみ方

花を見て好きな花色のものを選ぶようにします。元気のよい葉がたくさんついていて、株元がぐらつかず、がっしりしたものを選びます。鉢植えにして観賞しますが、関東地方以西であれば、庭植えもできます。

●失敗しない管理のコツ

春から秋までは十分日に当て、鉢土の表面が乾いたらたっぷりと水を与えます。5～9月の生育期には緩効性化成肥料を置き肥するなどして、肥料ぎれさせないようにします。寒冷地では冬は室内にとり込み、水やりを控えて5度以上を保ちます。株の生長に合わせて大きな鉢に植えかえますが、コンパクトに育てたいときは、花後に切り戻します。

エンジェルストランペット 白花

ここがポイント

①生育期間中は日光のよく当たる場所で管理し、水もたっぷりと与えます。
②花が咲き終えるたびに開花枝を切り戻すと、夏の間に2～3回、花を楽しめます。
③旺盛に生長するので、生育期間中は肥料ぎれを起こさせないようにします。

ガザニア

鮮やかな金属光沢の花色が印象的

様々な花色のガザニアの寄せ植え

別名	科名	分類
クンショウギク	キク科	秋まき一年草、半耐寒性常緑多年草

●栽培カレンダー

月	1	2	3	4	5	6	7	8	9	10	11	12
開花期												
置き場所	霜よけ下					ひなた					霜よけ下	
植えつけ・植えかえ		植えつけ										
手入れ			植えつけ						タネまき			

花径が6～8㎝と大きく、金属光沢のある鮮やかな花で、花弁の基部に複雑な模様が入ることから、クンショウギクの和名がついています。花は雨や曇りの日に閉じる性質をもっています。葉は細長く、表面は灰緑色、裏面が白で、花色とのコントラストがしっかりしています。

●買い方、選び方、楽しみ方

花色が鮮明で、葉が肉厚でいきいきしており、全体に締まった株を選びます。戸外でのコンテナ栽培や日当たりのよい花壇やロックガーデンに植えて観賞します。

●失敗しない管理のコツ

春～秋はひなたで管理します。水やりは控えめにしてやや乾かしぎみに管理し、リン酸とカリ分の多い肥料を月に1回施します。

タネから育てる

9月中旬～10月中旬に、赤玉土とピートモスの等量混合土のまき床にタネをまき、5㎜くらい覆土します。本葉が2～3枚出たら、赤玉土5：腐葉土3：川砂2の配合土でポットに移植し、霜よけ下で冬越しさせます。植えつけは3月下旬～4月上旬が適期です。前記の配合土に堆肥と緩効性化成肥料を元肥にして植えつけます。

ここがポイント

①日光が大好きなので、ひなたで楽しみます。
②水やりは控えめとし、乾かしぎみに管理。
③リン酸、カリ分の多い肥料を追肥します。

ガザニアの鉢植え

ガザニア

カラー

色とりどりの仏炎苞が美しい

'ネロリー'

'ピンクパンサー'

別名	科名	分類
オランダカイウ	サトイモ科	春植え球根

●栽培カレンダー

月	1	2	3	4	5	6	7	8	9	10	11	12
開花期						■	■					
置き場所	ひなた	ひなた	ひなた	ひなた	ひなた	ひなた	ひなた／半日陰	半日陰	ひなた	ひなた	ひなた	ひなた
植えつけ・植えかえ				■								
手入れ				掘り上げ(畑地性)						掘り上げ(湿地性)		

メガホンのように巻いた部分が仏炎苞《ぶつえんほう》で、赤、桃、黄、白など色も豊富です。品種には、湿地性と畑地性があります。湿地性のエチオピカは草丈が1m以上になり、芳香のある白い苞をつけます。畑地性のエリオチアナは、草丈80cmくらいで黄色の苞を、レーマニーは桃色の苞をつけます。

●買い方、選び方、楽しみ方

5~7月に鉢花が出回ります。花色が鮮明で、葉色が濃く、しっかり締まった株を選びます。湿地性の品種は、底面給水鉢に植えつけると、管理が楽です。

●失敗しない管理のコツ

鉢花を購入したら日当たりのよいところに置いて管理します。湿地性のものは鉢土が乾きすぎないように水やりし、畑地性の品種は鉢土の表面が白く乾いてからたっぷり与えます。開花中は10日に1回液肥を施します。

畑地性の品種は、夏の暑さにやや弱いので、西日の当たらない半日陰の涼しいところに移して管理します。

梅雨の時期にかかりやすい軟腐病を防ぐために、毎年4月上旬~中旬に掘り上げて、新しい場所に植えかえます。湿地性の品種は2~3年に1回、9月下旬に行います。

(白)'ブラック アイド ビューティー'、(黒)'スクワーズ ワルダー'

ここがポイント

①日当たりのよい場所で管理します。

②白花は湿地性、カラフルな苞をつける斑入り葉のものは畑地性の品種です。

カランコエ

乾燥に強い鉢花

カランコエ（八重咲き）

別名	科名	分類
ベニベンケイ	ベンケイソウ科	非耐寒性常緑多年草

●栽培カレンダー

月	1	2	3	4	5	6	7	8	9	10	11	12
開花期												
置き場所		室内			ひなた			半日陰		ひなた		室内
植えつけ・植えかえ												
手入れ					切り戻し	摘芯						

多肉質の葉の間から花茎を伸ばして、小花が集まった花房をつけます。一般にコランコエといわれるのがブロッスフェルディアーナで、矮性で花つきがよく、花色も赤、橙、黄、桃、白と豊富です。また、壷形の花を下垂させる'エンゼルランプ'などがあります。

●買い方、選び方、楽しみ方

花茎がたくさん立ち、葉が肉厚で変色していない株を選びます。普通は鉢花や寄せ植えにして、下垂性のものは吊り鉢で観賞します。

●失敗しない管理のコツ

開花株を購入したら、日当たりがよく雨の当たらない軒下などに置きます。夏の高温期には風通しのよい半日陰に移して管理します。冬は日当たりのよい室内の窓辺に置いて冬越しさせます。根が細くて過湿にすると根腐れを起こしやすいので、水やりは控えめにします。開花中は3~5日に1回、春から秋は2~3日に1回、冬は1週間に1回を目安に与えます。肥料は5~10月まで、夏を除いて液肥を月に2~3回施します。

●花が終わったら

3月下旬~4月上旬に切り戻し、根鉢をくずさないようにして植えかえます。

ここがポイント

①ひなたで雨の当たらない場所に置きます。
②夏の高温期は明るい日陰に移し、涼しく管理します。
③冬は室内で、乾かしぎみに管理します。

'ウェンディー'

'クィーン'

球根ベゴニア

世界一豪華な花と呼ばれる

下垂性の球根ベゴニア

'スターパレード'

科名	分類
シュウカイドウ科	春植え球根

●栽培カレンダー

月	1	2	3	4	5	6	7	8	9	10	11	12
開花期												
置き場所				やわらかな日ざし			半日陰		やわらかな日ざし			
植えつけ・植えかえ				植えつけ							掘り上げ	
手入れ				水ごけに包んで保管						水ごけに包んで保管		

目が覚めるような華麗な花を咲かせるのが、球根ベゴニアです。直立した茎に大輪の花をつけるスタンドタイプ、同じく直立した茎に中輪の花をたくさんつけるマルチフローラタイプ、下垂する茎に小輪の花が多数咲くハンギングタイプがあり、花形や花色も変化に富んでいます。

●買い方、選び方、楽しみ方

よく分枝して枝も太く、がっしりとした草姿のものを選びましょう。葉は表面につやがあり、できるだけ肉厚のものがよい株です。鉢植えで楽しみますが、下垂するタイプはハンギングバスケットに最適です。

●失敗しない管理のコツ

春と秋は十分に日が当たる場所に置き、鉢土の表面が乾いたらたっぷり水を与え、2週間に1回、液肥を施します。高温を嫌うので、夏は風通しのよい場所に置き、日よけをして直射日光、特に西日を避けます。水やりを控えて乾かしぎみに夏越しさせます。11月に葉が黄変したら、球根を掘り上げて凍らない場所で乾燥貯蔵します。

ここがポイント

①開花には1日に14時間以上の日長（1日の昼の長さ）が必要です。
②夏の高温に弱いので、通風に気をつけて30度以上にならないようにします。
③水は与えすぎないこと。
④生育期間中は2週間に一度、液肥を追肥します。

サザーランディー

キク

秋を代表する鉢花

科名
キク科

分類
耐寒性多年草

●栽培カレンダー

月	1	2	3	4	5	6	7	8	9	10	11	12
開花期									■	■	■	
置き場所	ひなた											
植えつけ・植えかえ						植えつけ	植えつけ					
手入れ					挿し木	摘芯		摘芯				

秋になると、日本の各地で菊花展が開催されて、大ギクの3本仕立てや千本咲きなどに目を奪われますが、ここでとり上げるキクは、それらのキクとは違う、中輪から小輪の鉢植えの洋ギクです。

●系統、品種のいろいろ

日本の小ギクが、ヨーロッパやアメリカに渡って改良された洋ギクがたくさん出回っています。主なものに自然に半球状になって花が株を覆うように咲くクッションマム、鉢植え用に改良されたポットマム、ヨダーマム、フェリーチェマム、花色が豊富で切り花に向くスプレーギクなどがあります。

●買い方、選び方

花つきと葉色がよく、茎の太いしっかりとしたものを選びます。花を見ながら好みの色のものを選ぶようにします。

●楽しみ方

鉢植えや花壇で観賞できます。

●失敗しない管理のコツ

置き場所　日当たりと風通しのよい戸外に置きます。

鉢花を購入したときには、長時間室内に置いておくと、つぼみが多くても開花しなくなります。戸外のひなたに置いて十分日に当て、つぼみが開いて満開になったものを室内に飾るようにします。

水やり　鉢土の表面が白っぽく乾いたら、たっぷり与えます。

肥料　生育中は月に2回、液肥を施します。

クッションマム

小ギクの玉づくり

小ギクの鉢植え

‘ミニキューピット’

キクの花車

‘チヅル風車’

ポットマム デリウィンド シリーズ

エクセレントマム　‘ピコ’

開花中は必要ありません。

病害虫　アブラムシが発生したらオルトラン粒剤を株元にまいて防除します。ハダニにはケルセン乳剤を、ハモグリバエにはディプテレックスを散布して駆除します。

●花が終わったら

冬至芽　翌年も花を楽しむには、花が終わったら根元まで切り戻して、軒下などの霜のおりないところに置いて冬越しさせ、根元から出る冬至芽を大切に育てます。

挿し木　元気に育った冬至芽は、5月に切りとって、バーミキュライトなどの挿し床に挿します。

摘芯　5月に挿し木をしたものは、6月、8月の2回摘芯します。9月に入ってからの摘芯は、花芽を摘むことになってしまうので、8月下旬までには終わらせるようにします。摘芯後はしっかりした側枝が出るように、液肥を施します。

植えつけ　6～7月になったら、市販の草花用培養土に有機配合肥料を施して、4号鉢に1株植えつけます。液肥を施しながら育てて、1～2回摘芯して枝をふやします。

ここがポイント

①キクは日光が大好きです。鉢花を購入したときも、戸外のひなたで管理します。

②小ギクやポットマムを挿し木から育てるときは、摘芯を繰り返して枝数をふやします。

グズマニア

カラフルな苞葉が長く楽しめる

‘スターマイン ベガ’

グズマニア

科名	分類
パイナップル科	非耐寒性常緑多年草

●栽培カレンダー

月	1	2	3	4	5	6	7	8	9	10	11	12
開花期					■	■	■	■	■	■		
置き場所	日当たりのよい室内					戸外の半日陰					日当たりのよい室内	
植えつけ・植えかえ					植えかえ							
手入れ					子株分け							

熱帯アメリカ原産で、花の美しい種類が多く、鉢花に利用されて人気があります。細長い葉はとげがなく、やわらかで、放射状に広がり、直立した花茎の先端に花がかたまってつくものが多く見られます。花は短命ですが、着色する苞《ほう》は長く観賞できます。よく出回るのは、コンパクトな草姿をした交雑種のマグニフィカで、赤や黄の苞が美しく、葉に斑が入る品種もあります。

●買い方、選び方、楽しみ方

周年店頭に並びます。苞の色が鮮やかで、株元がぐらつかない、しまった株を選びます。苞の色が違うものを大きめのかごなどに寄せ鉢にしたり、季節の花と合わせすると、カラフルで華やかになります。

マグニフィカ

●失敗しない管理のコツ

秋から春は日当たりのよい室内におきますが、通年室内に置くと株が弱々しくなり、花も咲きにくくなるので、夏は戸外の半日陰におき、葉焼けに注意します。春から秋の生育期は、葉が筒状になった部分にたっぷり水をため、冬はためません。5～9月に月2回、薄めの液肥を筒の部分に施します。初夏～秋に水ごけを使って植えかえます。

●花が終わったら

秋花が咲いた株は枯れるので子株を育てます。花がらを摘みとり、子株が大きくなるまで親株の葉を残しておきます。子株が十分大きく育ったら株分けをしてふやします。

夏から秋

クチナシ（八重咲き）の鉢植え

クチナシ

ゲッカビジン

フルーツゲッカビジンの実

クチナシ
甘い香りが魅力の花木

科名	アカネ科
分類	常緑低木

●栽培カレンダー

月	1	2	3	4	5	6	7	8	9	10	11	12
開花期						■	■					
置き場所	暖房していない室内				ひなたか半日陰							
植えつけ・植えかえ								■				
手入れ												

初夏から夏に形の整った白い花を咲かせ、芳香を漂わせます。一重咲きのコクチナシや八重咲きクチナシなどが鉢植えで出回ります。秋に熟す実は料理の色づけなどに利用できます。

●失敗しない管理のコツ

日当たり、半日陰どちらでもよく育ちますが、夏の西日は避けたほうが無難です。冬は寒風や霜を避け、南向きの軒下などに置きます。鉢土の表面が乾いてきたらたっぷり水を与え、春と秋に緩効性の有機質肥料を置き肥します。9月中旬までに花芽ができるので、花が終わったら軽く剪定します。遅くても8月上旬までには姿を整えておきましょう。

ゲッカビジン
夕方開く香りのよい一夜花

科名	サボテン科
分類	非耐寒性多肉植物

●栽培カレンダー

月	1	2	3	4	5	6	7	8	9	10	11	12
開花期							■	■	■			
置き場所	明るい室内				ひなた							
植えつけ・植えかえ				植えかえ								
手入れ						挿し木						

クジャクサボテンの仲間です。夏から秋にかけて不定期に大輪の白い花を咲かせます。花は夕方から甘い香りを放って開き始め、翌朝にはしぼんでしまいます。フルーツゲッカビジンと呼ばれている、果実がつきやすいものもあります。

●失敗しない管理のコツ

鉢花は、春から秋までは真夏をのぞき、日当たりと風通しのよい場所に置き、鉢土の表面が乾いたら水を与えます。夏は半日陰に移します。秋から水やりを徐々に減らしてゆき、冬は室内で乾燥ぎみにして5度以上を保ちます。1〜2年に1回、植えかえます。

グロキシニア

ビロードのような光沢のある花が魅

‘エンペラー フレデリック’

グロキシニア

別名	科名	分類
オオイワギリソウ	イワタバコ科	春植え球根

●栽培カレンダー

月	1	2	3	4	5	6	7	8	9	10	11	12
開花期							■	■	■	■		
置き場所	室内	室内	室内	室内	室内	室内	室内	室内	室内	室内	室内	室内
植えつけ・植えかえ			■	■								
手入れ	水やりを控えて休眠させる	水やりを控えて休眠させる										水やりを控えて休眠させる

セントポーリアの葉を大きくしたような厚みのある葉をもち、夏から秋にかけてビロードのような光沢をもつ、大きく色鮮やかなラッパ状の花を咲かせます。

●買い方、選び方、楽しみ方

できるだけ花を長く楽しめるように、6～7月に鉢花を購入します。花やつぼみ、葉の数が多く、株のぐらつかないものを選びます。一年中室内で管理できるので、アパートやマンションでの栽培に適しています。

●失敗しない管理のコツ

直射日光に当たると葉が傷むので、レースのカーテン越しの光が当たる室内の窓辺に置きます。水やりは鉢土の表面が乾いたら、花や葉にかからないように鉢の縁から水を注ぎ、鉢底から流れ出るまで与えます。また、霧吹きで、ときどき葉水を与えます。肥料は5～9月まで薄めの液肥を月2～3回施します。

●花が終わったら

秋の終わりごろから水やりを10日に1回くらいに減らし、冬は水やりを中止して凍らない程度の部屋に置いて株を休眠させます。3～4月になったら赤玉土4：腐葉土4：川砂2の配合土で植えかえます。植えかえるときは球根が隠れる程度の浅植えとします。

ここがポイント

①直射日光に当てないように注意します。
②水やりは、花や葉に水がかからないように鉢の縁から静かに注ぎます。

グロキシニア

ケイトウ

群植させて華やかに装う

ヤリゲイトウ'きものシリーズ'

別名	科名	分類
セロシア、カラアイ	ヒユ科	春まき1年草

●栽培カレンダー

月	1	2	3	4	5	6	7	8	9	10	11	12
開花期					■	■	■	■	■	■		
置き場所					■	■	ひなた	■	■			
植えつけ・植えかえ												
手入れ					■	タネまき						

熱帯アジア原産で、日本の高温多湿な気候に適応し、古くから栽培されています。花が半球状になり草丈が高くなるクルメケイトウ系と草丈が20cmほどで羽毛を束ねたようなウモウケイトウ(フサケイトウ)系に大別されます。ノゲイトウの園芸品種'シャロン'などは、洋花風の趣があり、シャープな草姿で好まれています。

●買い方、選び方、楽しみ方

矮性の品種が鉢花では人気です。初夏の頃から出回るポット苗は、花穂の色が鮮やかで、葉色の濃いものを選び、下葉が枯れていたり、変色している苗は避けましょう。花色が豊富なウモウケイトウだけを寄せ植えしたり、季節の草花と寄せ植えしたりすると、コンテナが華やかになります。

●失敗しない管理のコツ

日光を好み、日によく当てると花色が冴えるので、日当たりと風通しのよい場所に置き、梅雨の長雨を避けます。鉢土の表面が乾いたらたっぷり水を与えます。特に花期は水ぎれをさせないように注意します。追肥の必要はありません。

●タネから育てる

発芽には高温を必要とするので、気温が十分に上がる5月にタネをまきます。直根性で移植に弱いため、ポットまきか直まきにします。本葉5~6枚で定植しますが、根鉢は崩さないように注意します。

トサカケイトウ'ジュエルボックス'

ウモウケイトウ

コスモス

初夏から晩秋まで楽しめる

別名
アキザクラ

科名
キク科

分類
春まき一年草

●**栽培カレンダー**

月	1	2	3	4	5	6	7	8	9	10	11	12
開花期						■	■	■	■	■		
置き場所					■	■	■	■ ひなた	■	■		
植えつけ・植えかえ			(早咲き種)		■			■	(遅咲き種)			
手入れ	タネまき(早咲き種)			■	■	■	■	タネまき(遅咲き種)				

コスモスは短日性植物で、日が短くなると咲く秋の代表的な花ですが、品種改良が進んで、いまでは早咲き種のタネを4月にまくと、初夏から秋まで花を楽しむことができるようになりました。

キバナコスモス'クレストレッド'

●系統、品種のいろいろ

早咲き種と遅咲き種があります。早咲き種は、日長に関係なくタネまき後50〜70日で開花します。鉢植えには草丈が40〜50㎝で6〜7月に開花する'ソナタ'、赤い糸覆輪の'ピコティー'などがあり、高性種には大輪の'センセーション'、花径10㎝になる切り花向きの'ベルサイユ'などがあります。9〜10月に花をつける遅咲き種には、基本種のビピナタスと、黄色い花を咲かせる'イエローガーデン'などがあります。

●買い方、選び方

5〜11月に鉢花が出回ります。咲いている花のほか、つぼみがたくさんついているものを選びます。茎がひょろひょろと間伸びしていたり、葉が黄色になっているものは避けます。苗を購入することもできます。

キバナコスモスのプランター植え

●楽しみ方

鉢植えや花壇に植えて観賞できます。草丈が高い遅咲き種を鉢で楽しむときには、タネを9月上旬ごろに遅まきすると、草丈が低いままで花を咲かせます。5号鉢で10株ほど密に植えると見ばえがします。

●失敗しない管理のコツ

植えつけ 苗を購入して植えつけるときは、

コスモスの鉢植え

‘イエローガーデン’

‘オレンジキャンパス’

‘シーシェル’

‘ピコティー’

丁字咲き品種

‘ラディアンス’

チョコレートコスモス

赤玉土6：腐葉土4の配合土や市販されている草花用培養土で植えつけます。

置き場所　日当たりのよい戸外に置きます。

水やり　鉢土の表面が白っぽく乾いたら、鉢底から水が流れ出るまでたっぷりと与えます。

肥料　窒素分の多い肥料を与えすぎると、草丈ばかりが伸びて、倒れてしまいます。肥料はリン酸、カリ分の多い液肥を月に2回施します。花が咲き始めたら、施肥はやめます。

病害虫　ヨトウムシが発生して、葉や花を食害することがあります。オルトラン粒剤を株元にまいて防除します。

●タネから育てる

タネから育てると、好みのものを育てることができます。タネ袋にある花色や咲く時期をよく見て選びます。早咲き種は4～5月、遅咲き種は6～7月にタネをまきます。ポットにまいたときには、草丈が10㎝になったころ、鉢に定植します。本葉が4～6枚になったころに摘芯すると、よく分枝して花つきがよくなります。

ここがポイント

①窒素肥料が多すぎると、茎が倒れやすくなります。リン酸、カリ分の多い液肥を施し、花が咲き始めたら肥料はやめます。

②日当たりのよい戸外で管理します。

③ヨトウムシが花や葉を食害することがあります。オルトランなどで退治します。

ゴシキトウガラシ

カラフルで愛らしい実を楽しむ

ゴシキトウガラシの寄せ植え

別名	科名	分類	観賞期
観賞用トウガラシ	ナス科	春まき一年草	7～10月

●栽培カレンダー

月	1	2	3	4	5	6	7	8	9	10	11	12
開花期						■	■	■	■	■	結実期	
置き場所					■	ひなた	■	半日陰	■	ひなた		
植えつけ・植えかえ						■	植えつけ					
手入れ				タネまき	■							

香辛野菜としておなじみのトウガラシの変種で、観賞用につくりだされた園芸品種です。実の色は、クリームから黄、橙、赤、紅へと変化するゴシキトウガラシ系のほか、紫から赤に変わるものなど多彩で、実の形も球形、円錐形、長円筒形など変化に富みます。

●買い方、選び方、楽しみ方

初夏からポット苗や実をつけた鉢植えが出回ります。実をたくさんつけたもので、下のほうの葉もよく茂っているものを選びます。葉が黒いものや斑入り葉などもあり、色づいた実が長く楽しめるので、単体で楽しむのはもちろん、季節の草花との寄せ植えの材料にも最適です。

●失敗しない管理のコツ

日光を好むので、購入した株は風通しがよく、できるだけ日のよく当たる場所に置きます。ただし、実がある程度熟して着色してからは、半日陰や室内に置き、ときどき日に当てるだけでも十分に楽しめます。過湿を嫌いますから、鉢土が乾いてからたっぷり水を与えます。実のついている間は生育が止まるので、肥料は必要としません。

‘フェスティバル’

●タネから育てる

高温を好むので、4月下旬ごろに箱まきにして、室内に置いて発芽させ、本葉2～3枚で移植し、本葉5～6枚で定植します。実が色づくまでは液肥を週に1回施し、肥料ぎれに注意します。

コリウス

カラフルな葉色がみごと

コリウスの寄せ植え

コリウスの鉢植え

別名	科名	分類
キンランジソ、ニシキジソ	シソ科	春まき一年草

●栽培カレンダー

<table>
<tr><th>月</th><th>1</th><th>2</th><th>3</th><th>4</th><th>5</th><th>6</th><th>7</th><th>8</th><th>9</th><th>10</th><th>11</th><th>12</th></tr>
<tr><td>開花期</td><td></td><td></td><td></td><td></td><td></td><td></td><td colspan="4">■</td><td></td><td></td></tr>
<tr><td>置き場所</td><td></td><td></td><td></td><td></td><td colspan="6">半日陰</td><td></td><td></td></tr>
<tr><td>植えつけ・植えかえ</td><td></td><td></td><td></td><td></td><td colspan="2">植えつけ</td><td></td><td></td><td></td><td></td><td></td><td></td></tr>
<tr><td>手入れ</td><td></td><td></td><td></td><td colspan="2">タネまき</td><td></td><td colspan="4">花穂を摘む</td><td></td><td></td></tr>
</table>

葉色がカラフルで、葉形ともに変化に富んでいます。半日陰のほうが傷まず、丈夫に育つことから、半日陰の花壇やコンテナなどの植栽材料に最適です。

●買い方、選び方、楽しみ方

葉色が鮮明で、茎が太く、締まった株を選びます。初夏にさまざまな色彩のポット苗が出回るので、気に入った色合いの苗を選び、プランターやコンテナに寄せ植えして観賞します。コリウスのみを植えても引き立ちます。ハンギングバスケットには矮性で茎が横に広がる品種が向いています。

●失敗しない管理のコツ

苗を買ってきたら、ポットから抜いて、根鉢をくずさないようにして、水はけのよい用土で植えつけます。用土には元肥として緩効性化成肥料を施します。

直射日光を避けて明るい半日陰に置き、鉢土の表面が乾いたら、たっぷりと水を与えます。苗が伸びてきたら、4〜5節で摘芯すると枝数がふえこんもりとした株に育ちます。

美しい葉を長く楽しむために、花穂が出てきたら、枝を1/3ほど切り詰めます。しばらくすると新しいわき芽が伸び出して、また新しい葉が楽しめます。

'ときめきリンダ'

ここがポイント

①美しい葉が傷まないよう半日陰で管理。
②花穂が出てきたら、枝を1/3ほど切り詰めます。元肥のほか、ときおり液肥を施します。

コンボルブルス

垂れ下がる花は吊り鉢に好適

コンボルブルス

‘ブルーコンパクタ’

科名
ヒルガオ科

分類
春まき一年草
半耐寒性常緑多年草

●栽培カレンダー

月	1	2	3	4	5	6	7	8	9	10	11	12
開花期					■	■	■	■	■			
置き場所	室内	室内	室内	ひなた	ひなた	ひなた	ひなた	ひなた	ひなた	ひなた	ひなた	室内
植えつけ・植えかえ					■	■						
手入れ					花がら摘み	花がら摘み	花がら摘み	花がら摘み	花がら摘み			

地中海沿岸地域を中心に、主にヨーロッパに分布するつる性植物です。以前は西洋ヒルガオの仲間のサンシキアサガオがよく知られていましたが、最近は、カーペットのように横に広がり、明るい紫色の花を咲かせる、サバティウスの園芸品種が多く出回っています。

●失敗しない管理のコツ

日光を好み、暑さに強いので、風通しのよい戸外に置き、よく日に当てます。過湿を嫌うので、鉢土の表面がよく乾くのを待ってからたっぷり水を与え、春から秋の生育期には、肥料ぎれしないように、月に1～2回、薄めの液肥を施します。

サギソウ

花形が羽を広げて舞う白鷺そっくり

‘輝’

サギソウ

科名
ラン科

分類
春植え球根

●栽培カレンダー

月	1	2	3	4	5	6	7	8	9	10	11	12
開花期							■	■	■			
置き場所	凍らないところ	ひなた	ひなた	ひなた	ひなた	ひなた	ひなた	ひなた	ひなた	ひなた	ひなた	凍らないところ
植えつけ・植えかえ		■	■	毎年植えかえる								
手入れ												

日本に自生する野生のランで、花形が白鷺が舞う姿に似ていることから、山野草愛好家など多くのファンをもっています。

●失敗しない管理のコツ

生育期はひなたに置き、乾燥に弱いので水ぎれしないように、鉢土の表面が乾き始めたらたっぷりと与えます。腰水栽培も適しています。肥料は植えつけ後の春に有機固形肥料を置き肥し、2000倍の薄い液肥を水やりがわりに施します。花後も秋までは春同様に水やりと肥料を施して球根を太らせます。冬季は水をきり、発泡スチロール製の箱などに入れて、凍らないように保存します。

サザンクロス

半年以上も花が楽しめる

‘ホワイトピンク’

別名	科名	分類
クロウェア	ミカン科	半耐寒性常緑低木

●栽培カレンダー

<table>
<tr><th>月</th><th>1</th><th>2</th><th>3</th><th>4</th><th>5</th><th>6</th><th>7</th><th>8</th><th>9</th><th>10</th><th>11</th><th>12</th></tr>
<tr><td>開花期</td><td></td><td></td><td></td><td></td><td colspan="7"></td><td></td></tr>
<tr><td>置き場所</td><td colspan="2">室内</td><td colspan="4">ひなた</td><td colspan="2">半日陰</td><td colspan="3">ひなた</td><td>室内</td></tr>
<tr><td>植えつけ・植えかえ</td><td></td><td></td><td colspan="2"></td><td colspan="3">2年に1回植えかえ</td><td></td><td></td><td></td><td></td><td></td></tr>
<tr><td>手入れ</td><td></td><td></td><td></td><td></td><td></td><td></td><td>剪定</td><td></td><td></td><td></td><td></td><td>剪定</td></tr>
</table>

オーストラリア原産の低木で、花が初夏から晩秋まで次々と咲き、葉には柑橘系特有のさわやかな香りがあります。花は小輪から大輪まであり、花色は濃桃色から白花まで幅があります。

●買い方、選び方、楽しみ方

鉢花は一年中出回っていますが、やや熱帯性の花木なので、5月ごろに入手するほうが管理が楽です。幹が太くしっかりし、枝のバランスのよい株を選びます。普通は鉢植えで観賞しますが、関東地方以西では簡単な防寒で冬越しできるので、庭植えできます。庭植えの場合は水はけよく盛り土して植えつけます。

●失敗しない管理のコツ

日当たりのよいところが適地ですが、梅雨の時期は雨の当たらない軒下などで、真夏は風通しのよい半日陰で管理します。冬は霜が当たらない軒下か凍らない室内に置きます。水やりは年間を通して、鉢土の表面が乾いたら、たっぷりと与えます。肥料は春から秋の生育期に、鉢花用の液肥を月に2回施します。

夏の花は色があせるので、春の花が一段落する7月に剪定し、秋に再び咲かせるほうが、花がそろい花色も美しくなります。

サザンクロス

サザンクロスの鉢植え

ここがポイント

①日当たりを好みますが、真夏は半日陰で。

②梅雨時は雨の当たらない場所で管理。

③霜の当たらない軒下などで冬越しさせます。

サルビア

夏花壇やコンテナに欠かせない

別名
スプレンデンス→ヒゴロモソウ、ファリナセア→ブルーサルビア

科名
シソ科

分類
春まき一年草、耐寒性多年草

●栽培カレンダー

月	1	2	3	4	5	6	7	8	9	10	11	12
開花期							■	■	■	■		
置き場所						■	■	ひなた	■	■		
植えつけ・植えかえ				■	■							
手入れ					タネまき		切り戻し					

サルビアの仲間は温帯、亜熱帯、熱帯に約500種以上分布しているといわれます。特に強烈な赤い花色をもつブラジル原産のスプレンデンス（ヒゴロモソウ）は、花壇やプランター用の草花として、広く普及しています。

●系統、品種のいろいろ

春まき一年草と多年草があります。一年草には、スプレンデンスのほか、青い花をつけるファリナセア（ブルーサルビア、白花を咲かせる品種もある）、緋紅色の花を咲かせるコッキネア（ベニバナサルビア）、大型で上部の苞《ほう》がピンクや紫に色づくビリディス（ホルミナム）などがあります。多年草には草丈1m以上の大型になり、赤紫色の花をつけるレウカンサ（アメジストセージ）、小さな赤花をつけるミクロフィラなどがあります。

●買い方、選び方

タネが市販されていますが、ポット苗が4～5月に出回るので、これを求めるほうが簡単です。節間が詰まって締まっており、株元がぐらつかないしっかりしたものを選ぶようにします。

サルビアのたる植え

●楽しみ方

鉢植えに向くのは、主にコンパクトな草姿の一年草です。プランターや大きめのコンテナに植えたり、花色を引き立てるシルバーリーフなどと寄せ植えすると引き立ちます。大型になる多年草は花壇向きです。

●失敗しない管理のコツ

タネまき　地温が高くなる5月ごろが適期です。平鉢を用い、砂と腐葉土を混ぜた用土にまきます。乾かさないように管理すると10日くらいで発芽します。本葉3～4枚になったころポットに移植し、本葉7～8枚になったら、鉢花用の用土で定植します。

置き場所　定植後は半日以上日の当たるとこ

シナロエンシス‘コスミックブルー’

‘ライムライト’

コッキネア‘レディーインレッド’

ブルーサルビア

ミクロフィラ ‘ホットリップス’

レウカンサ

ろに置きます。

水やり　鉢土の表面が乾いてきたら、鉢底から水が流れ出るまでたっぷりと与えます。

乾燥に弱く、乾燥しすぎると花がぽろぽろ落ちてしまいます。また極端に乾燥すると、下葉が落ちてハダニが発生しやすくなるので、水ぎれしないように注意します。

肥料　肥料ぎれしないように、液肥を1週間に1回施します。

株の手入れ　夏に花が咲き終わったら、枯れた花茎を切りとり、長い茎を切り戻して形を整え、1週間に1回液肥を施すと、秋に再び美しい花を見ることができます。

ここがポイント

①乾燥に弱く、乾燥しすぎると花がぽろぽろ落ちてしまいます。また極端に乾燥すると、下葉が落ちてハダニが発生しやすくなるので、水ぎれしないように注意します。

②花の咲く期間が長いので、肥料ぎれしないように管理します。

③夏に花が一段落したら枝、茎を切り戻し、株を休ませて秋花に備えます。

アウランティアカ

'フェニックス'

コッキネア

'チャームピンク'

サンダーソニア
切り花にできるベルのような花

別名	クリスマス・ベルズ
科名	ユリ科
分類	春植え球根

●栽培カレンダー

月	1	2	3	4	5	6	7	8	9	10	11	12
開花期						■	■					
置き場所					ひなた			半日陰				
植えつけ・植えかえ				■								
手入れ								掘り上げ				

南アフリカ原産の球根植物。ひとつの球根から2～3芽を発芽させて直立した茎を伸ばし、葉の先端の巻きひげを絡ませてよじ登り、草丈80cmほどになります。夏に上部の葉のつけ根から花茎を出して、愛らしいベル形の花を下垂させます。1花の寿命は開花から10日ほどです。

●失敗しない管理のコツ

日当たりがよく雨が当たらない軒下などに置き、鉢土の表面が乾いたら水をたっぷり与えます。施肥の必要はありません。花後、葉が黄変する8～9月上旬には球根を掘り上げます。日陰で乾燥させてから、少し湿らせたピートモスで包んで貯蔵します。

サンタンカ
小花が集まって手まり状に咲く

| 科名 | アカネ科 |
| 分類 | 非耐寒性常緑低木 |

●栽培カレンダー

月	1	2	3	4	5	6	7	8	9	10	11	12
開花期				■	■	■	■					
置き場所	室内				ひなた							室内
植えつけ・植えかえ					■							
手入れ							切り戻し					

マレーシアからインドネシアなどの熱帯に自生している花木で、小花が数十個集まって大きな手まり状に花をつけます。赤、橙、白などの花色があります。

●失敗しない管理のコツ

できるだけ戸外のひなたに置き、冬は室内に置きます。開花中に水ぎれさせると花もちが悪くなるので、春から秋までは鉢土の表面が乾いたら、たっぷりと水を与えますが、秋から冬は控えめに与えます。肥料は5～9月の生育期に、月に1回化成肥料を置き肥します。花が終わったら、遅くても8月上旬までにすべての枝を1～2節残して切り戻して植えかえます。

ジニア

夏から秋まで長く楽しめる

ジニア

‘ジニータ’

別名	科名	分類
ヒャクニチソウ	キク科	春まき一年草

●栽培カレンダー

月	1	2	3	4	5	6	7	8	9	10	11	12
開花期							■	■	■	■		
置き場所				■	■	■	ひなた	■	■	■		
植えつけ・植えかえ				植えつけ		■						
手入れ			タネまき	■			■	花がら摘み	■	■		

ヒャクニチソウ(百日草)の和名があるように、開花期の長い花です。主な品種に高性大輪咲き、高性中輪咲き、小輪多花性、矮性種などがあります。花形も大輪丸弁のダリア咲き、小輪で八重咲きのポンポン咲き、花弁がよじれるカクタス咲きなどがあります。近縁種のホソバヒャクニチソウ(リネアリス)は、草丈30cmくらいで、細い枝を多くつけ、花径3cmほどの橙色などの小花を咲かせます。

●買い方、選び方、楽しみ方

茎がしっかりしており、葉色、花色が鮮明なものを選びます。鉢花で観賞するほか、花壇植えにできます。ホソバヒャクニチソウは、ハンギングバスケットにできます。

●失敗しない管理のコツ

鉢花を購入したら、ひなたで管理します。水やりは鉢土の表面が乾いたら、たっぷりと与えます。乾燥させると株が衰弱し、花が小さくなるので注意します。

●タネから育てる

気温が15度になる4月中旬以降にタネをまきます。箱まきにして、日に当てて育て、本葉が2枚になったら、ポットに鉢上げします。本葉が5～6枚になったら、堆肥や緩効性化成肥料を加えた用土で鉢に植えつけます。

ここがポイント

①水ぎれを起こさせないよう注意します。
乾燥させると、株が衰弱します
②こまめに花がら摘みをします。

プロフュージョンシリーズ

宿根アスター

花色が豊富で長期間楽しめる

シロクジャク

宿根アスター

別名	科名	分類
アスター	キク科	耐寒性多年草

●栽培カレンダー

月	1	2	3	4	5	6	7	8	9	10	11	12
開花期						■	■	■	■	■		
置き場所	ひなた	ひなた	ひなた	ひなた	ひなた	ひなた	ひなた	ひなた	ひなた	ひなた	ひなた	ひなた
植えつけ・植えかえ			■	■								
手入れ			株分け	株分け								

アスターはギリシャ語で「星」の意味で、多くの仲間があります。北アメリカ原産のユウゼンギクを親にした園芸品種群や、孔雀が羽を広げたように白い花を咲かせるシロクジャクとユウゼンギクなど、ほかのアスター属との交配から紫や紅、ピンク、藤色などの園芸品種がつくられて出回ります。

●買い方、選び方、楽しみ方

5月ごろからポット苗や開花株の鉢植えが出回ります。よく分枝して、蕾をたくさんつけた株張りのよいものを選びます。下の方の葉が変色していたり、アブラムシなどがついて葉が縮れているものは避けます。花色が豊富なので、寄せ植えも楽しいです。

●失敗しない管理のコツ

ひなたか、午前中はよく日が当たり、西日が当たらない半日陰におきます。過湿を嫌うので、鉢土の表面が乾いてから、たっぷり水を与えます。肥料は、早春に化成肥料を置き肥する程度で十分です。蒸れに弱いので、窒素分は与えすぎないように注意しましょう。根がよく張るので、植えかえをしないと花つきが悪くなりますから、毎年、春に株分けして植えかえます。

ここがポイント

①特に夏は西日を避けて管理します。
②根詰まりしないように毎年、株分けを兼ねて春に植えかえます。
③挿し木でふやすこともできます。

ユウゼンギク

ダイアンサス

変化に富んだナデシコの仲間たち

'ブラックベアー'

科名	分類
ナデシコ科	秋・春まき一年草、耐寒性常緑多年草

●栽培カレンダー

月	1	2	3	4	5	6	7	8	9	10	11	12
開花期				秋まきは4～6月、春まきは7～8月								
置き場所			ひなた									
植えつけ・植えかえ												
手入れ					挿し木							

ダイアンサスは、セキチク（中国原産のナデシコで、日本で改良されたものが多い）、トコナッツ（セキチクの変種、矮性種で鉢栽培向き）、ビジョナデシコ（ヨーロッパ原産のナデシコ。別名ヒゲナデシコ）、カーネーションなどの総称で、バラエティーに富んでいます。

●買い方、選び方、楽しみ方

早春からポット苗が出回るので、これを入手して鉢や花壇に植えて観賞します。

●失敗しない管理のコツ

苗を買ってきたら、根鉢をくずさないようにして、水はけのよい用土を使って、鉢やプランターに植えつけます。日当たりと風通しのよいところに置き、鉢土の表面が乾いたらたっぷり水を与えますが、梅雨時や夏の高温期に水をやりすぎると根腐れを起こしやすいので、注意が必要です。

肥料を好むので、植えつけ時に緩効性化成肥料を元肥に施すほか、追肥として10日に1回液肥を施します。

アブラムシやアオムシなどがつくことがあるので、オルトラン粒剤などをまいて防除します。

ここがポイント

①日当たりと風通しのよいところに置きます。
②生育期は肥料ぎれしないように10日に1回、液肥を施します。
③梅雨時や夏の過湿は根腐れを起こします。

'やまとなでしこ七変化'

ヒメナデシコ

セキチク

ダリア

花形、色彩ともに豊富で美しい

‘サニーダンス’

別名	科名	分類
テンジクボタン	キク科	春植え球根、春まき一年草

●栽培カレンダー

月	1	2	3	4	5	6	7	8	9	10	11	12
開花期					■	■	■	■	■	■		
置き場所				ひなた	ひなた	ひなた	ひなた	半日陰	ひなた	ひなた		
植えつけ・植えかえ				■								
手入れ			タネまき(一年草)	タネまき(一年草)			切り戻し	切り戻し				

花形、花色とも豊富で、その多彩ぶりはほかの花の追随を許さないほどです。開花期が長いのも魅力です。近年は小輪の矮性の品種が多数出回り、鉢花としても人気があります。

●買い方、選び方、楽しみ方

球根を求めて育てることもできますが、5～6月に出回る開花株を求めると、花形、花色も実際に見られるので、好みのものが選べます。大輪種を大型の鉢に植えると見ばえがします。また、タネから育てる矮性種や銅葉の品種などは、コンテナで寄せ植えにするととてもすてきです。

●失敗しない管理のコツ

日当たりと風通しのよいところに置き、夏は半日陰の涼しいところに移し、開花中は雨が避けられる軒下に置くとよいでしょう。水ぎれ、肥料ぎれに注意します。鉢土の表面が乾いたら、たっぷりと水を与え、6～10月まで、2カ月に1回緩効性化成肥料を施します。

●花が終わったら

花がらはそのつど摘みとります。霜がおりはじめたら鉢を凍らないところに移し、水を与えずに冬越しさせ、翌春に植えかえます。

ここがポイント

①秋花を楽しむには、7月中旬～8月中旬に茎を短く切り戻し、わき芽を発生させます。

②開花中も肥料ぎれしないように追肥します。

③タネから育てるときは、春に直まきにして、日当たりのよいところで管理します。

ダリアのプランター植え

トケイソウ

あんどん仕立てで楽しむ

ビオラセア

科名	分類
トケイソウ科	半耐寒性つる性常緑木本

●栽培カレンダー

月	1	2	3	4	5	6	7	8	9	10	11	12
開花期							■	■	■			
置き場所	明るい室内	明るい室内	明るい室内	ひなた	ひなた	ひなた	ひなた	ひなた	ひなた	ひなた	ひなた	明るい室内
植えつけ・植えかえ			植えつけ、植えかえ	植えつけ、植えかえ								
手入れ			切り戻し	切り戻し		挿し木	挿し木					

トケイソウの和名をもつのはパッシフロラ属のカエルレア種で、花の形が時計の文字盤を思わせるところからこの名があります。このほか、クダモノトケイソウ（パッションフルーツ）やベニバナトケイソウなども鉢植えで出回ります。

●買い方、選び方、楽しみ方

つぼみがたくさんついていて、節間が短く、しまっている株を選びます。あんどん仕立てにするほか、耐寒性が強いカエルレア（トケイソウ）種は暖地では露地でフェンスなどにからめても楽しめます。

●失敗しない管理のコツ

春から晩秋までは、風通しのよいひなたで管理し、鉢土の表面が白く乾いたら、たっぷりと水を与えます。冬は室内にとり込んで、水やりを控えます。春から秋の間は緩効性の化成肥料を2カ月に1回、置き肥します。新梢の葉腋に花をつけるので、生育中は、つるが長く伸びても切り詰めてはいけません。

●花が終わったら

果実を収穫するパッションフルーツ以外は、咲き終わった花はそのつど花首の下で摘みとります。冬越しした株は、3〜4月中旬に長く伸びた枝を軽く剪定しますが、短く切り詰めると花つきが悪くなるので注意します。

ここがポイント

①鉢土がいつもじめじめしている状態では根腐れをおこすので注意。
②生育中はつるを切り詰めないようにします。

パッションフルーツの鉢植え

パッションフルーツ

カエルレア

トルコギキョウ

切り花としておなじみの美しい花

‘ロジーナ ローズピンク’

トルコギキョウ

別名	科名	分類
ユーストマ、リシアンサス	リンドウ科	秋まき一年草

●栽培カレンダー

月	1	2	3	4	5	6	7	8	9	10	11	12
開花期					━	━	━		━	━		
置き場所					━	ひなた	━	半日陰	━	ひなた		
植えつけ・植えかえ												
手入れ								切り戻し	タネまき	━		

北アメリカ原産の秋まき一年草です。切り花用と鉢花用の品種があり、切り花用は年々花色がふえ、一重咲き、八重咲きがあるほか、早生、中生、晩生と開花期の幅もふえてきました。鉢植えは、高性種に矮化処理したものが多くつくられてきましたが、草丈の低い本格的な矮性種も出回るようになりました。

●買い方、選び方、楽しみ方

茎が太く、枝数も多く、株元がしっかりしたもの、また、葉色、花色が鮮明なもの、つぼみの数が多いものを選ぶようにします。鉢植えで楽しむほうが無難です。

●失敗しない管理のコツ

購入した鉢植えは、ひなたに置いて管理します。花に雨が当たると傷むので、雨が直接当たらない軒下かベランダに置くとよいでしょう。水やりは鉢土の表面が乾いたら、たっぷりと与えます。

●花が終わったら

花を長く楽しむには、タネをつけないように花がら摘みをします。花後は茎を1/3くらいまで切り戻し、追肥して、株元の固まった土を軽く耕します。夏は涼しい半日陰に置いて管理すると、秋に再び花をつけます。

トルコギキョウの鉢植え

ここがポイント

①ひなたに置きますが、雨は避けます。
②花を長く楽しむためには、花がらは摘み、タネを結ばせないこと。
③夏は涼しい半日陰で管理します。

トレニア

花も紅葉も楽しめる一年草

別名	科名	分類
ハナウリクサ、ナツスミレ	ゴマノハグサ科	春まき一年草

●栽培カレンダー

月	1	2	3	4	5	6	7	8	9	10	11	12
開花期						■（中旬〜）	■	■	■	■		
置き場所					ひなた	ひなた	ひなた	ひなた	ひなた	ひなた		
植えつけ・植えかえ						■	■（〜中旬）					
手入れ					タネまき	タネまき		切り戻し				

インドシナ原産の一年草です。初夏から秋に花径3㎝ほどの花を次々と咲かせ、秋には紅葉して、花も葉も楽しむことができます。

●買い方、選び方、楽しみ方

初夏に出回る苗を買って鉢などに植えつけます。匍匐性の品種で淡青色などの花を咲かせる'サマーウェーブ'は、吊り鉢に向きます。

●失敗しない管理のコツ

鉢への植えつけは、赤玉土7：腐葉土3の配合土を用い、元肥として緩効性化成肥料を施します。日当たりから半日陰に置いて管理します。水やりは鉢土の表面が乾いたらたっぷり与えますが、鉢土が乾燥すると生育が極端に衰えるので注意が必要です。肥料ぎれすると花がとぎれてしまうので、生育中は月に2回液肥を施すか、月に1回化成肥料を置き肥します。

●タネから育てる

タネまきの適期は5～6月です。ピートバンにまき、発芽して指でつまめるくらいの大きさに育ったらポットに移植します。本葉が4～5枚のころに主茎につぼみがつくので摘芯して枝数をふやします。根が十分に回った6～7月中旬に、鉢植えでは5号鉢で3株を目安に植えつけます。

ここがポイント

①ひなた、または半日陰に置きます。
②水ぎれを起こすと生育がひどく衰えます。
③長く咲き続けるので追肥を忘れないこと。

トレニアの壁掛け

トレニアの鉢植え

トレニアのプランター植え

ニチニチソウ

吊り鉢やプランターで楽しめる

'エンジェルチュチュ パープル'

科名	分類
キョウチクトウ科	春まき一年草

●栽培カレンダー

月	1	2	3	4	5	6	7	8	9	10	11	12
開花期						■	■	■	■	■	■	
置き場所						■	■	ひなた	■	■	■	
植えつけ・植えかえ						■	■					
手入れ			■	タネまき								

高温と乾燥を好む植物で、夏の暑い盛りにも、毎日とぎれることがないほど次々に花を咲かせます。花色は紫紅、桃、桃紅、白など。

●買い方、選び方、楽しみ方

6～7月ごろポット苗が市販されます。草丈が伸びすぎていず、よく締まったものを選ぶようにします。鉢やプランターで育てるときは、草丈25㎝ぐらいの矮性種がおすすめです。吊り鉢用には、茎が横に広がる性質をもつ、'カーペットドーン'などが適しています。

●失敗しない管理のコツ

群植すると映えるので、プランターや大きめのコンテナを用意し、ポットから抜いて、根鉢をくずさないで植えつけます。できるだけ日が当たるところに置いて、鉢土の表面が乾いたら、水をたっぷり与えます。窒素分の多い肥料を施すと、葉ばかり茂って花をつけなくなるので、施肥をするときは育ちぐあいを見て、リン酸、カリ分の多い液肥を月に2～3回施します。

アブラムシとハダニがつきやすいので、そのつど薬剤を散布して防除します。

タネから育てるときは、4月下旬～5月上旬にまき、本葉が出たら移植して栽培します。

フェアリースター 'ホットピンク'、'ホワイト'の寄せ植え

ここがポイント

①できるだけ日が当たるところに置きます。

②窒素分の多い肥料を施すと、葉ばかり茂って花をつけなくなります。

'ビッテズ'

ネリネ

秋の日差しにきらきらと輝く華麗な花

'サーモンシュープリーム'

'ホワイドシェード'

別名	科名	分類
ダイヤモンドリリー	ヒガンバナ科	半耐寒性秋植え球根

●栽培カレンダー

月	1	2	3	4	5	6	7	8	9	10	11	12
開花期									■	■	■	
置き場所	ひなた	ひなた	ひなた	ひなた	ひなた				ひなた	ひなた	ひなた	ひなた
植えつけ・植えかえ								■	■			
手入れ												

名はギリシャ神話の水の妖精ネリネにちなんだものです。花びらに光沢があり、日に当たるときらきらと輝くので、ダイヤモンドリリーの英名があります。南アフリカ原産の球根植物で、6枚の花びらが反り返った上品な花を6～10輪咲かせます。草姿がリコリスに似ていますが、ネリネは花が咲いている時期に葉がついているので、見分けられます。

●買い方、選び方、楽しみ方

主に出回っているのは、袋に入った根がついていない乾燥した球根です。球根を持ったときにずっしりと重いものを選びましょう。ほかに、花色だけが記された、根がついたポット苗が出回ります。半耐寒性なので、鉢植えで楽しみます。3号鉢に1球を目安に、球根の肩が出るくらいの浅植えにします。

●失敗しない管理のコツ

戸外の、雨の当たらない、よく日の当たる場所に置き、過湿を嫌うので、鉢土の表面が白く乾いてから水を与え、乾燥ぎみに管理します。冬は、霜や寒風の当たらない軒下などに置きますが、寒冷地では室内にとり込みましょう。肥料は、12～5月の間に薄い液肥を2回ほど施す程度です。

●花が終わったら

長く伸びた花茎を株もとから折りとり、葉が枯れ始めたら水をきり、雨の当たらない場所で鉢ごと乾燥させます。4～5年に1回、根を傷めないように注意して植えかえます。

ボーデニー

ノボタン

夏から晩秋まで美しい花を咲かせる

シコンノボタン‘コートダジュール’

‘リトルエンジェル’

科名	分類
ノボタン科	半耐寒性常緑広葉低木

●栽培カレンダー

月	1	2	3	4	5	6	7	8	9	10	11	12
開花期							■	■	■	■	■	
置き場所	室内	室内	室内	ひなた(夏は半日陰)	ひなた(夏は半日陰)	ひなた(夏は半日陰)	ひなた(夏は半日陰)	ひなた(夏は半日陰)	ひなた(夏は半日陰)	ひなた(夏は半日陰)	室内	室内
植えつけ・植えかえ				■								
手入れ				剪定								

熱帯アジアからブラジルに分布する、熱帯性の低木で、枝先に大輪の美しい花をつけます。その花がボタンのように美しいことからノボタン（野牡丹）の名がつきました。花の寿命は短いのですが、夏から晩秋にかけて次々と開花します。

●買い方、選び方、楽しみ方

葉がいきいきとして、節間が詰まった枝がバランスよく出ていて、花数の多いものを選びます。

寒さに弱いので、普通は鉢花として観賞しますが、無霜地帯では庭植えにできます。

●失敗しない管理のコツ

4～10月は戸外のひなたに置き、真夏は軽い日よけをするか、明るい半日陰に移して涼しく管理します。冬は日のよく当たる室内の窓辺に置きます。水やりは4～9月の生育期には鉢土の表面が乾いたらたっぷり与えます。晩秋から冬にかけては鉢土が十分に乾いてから与えます。肥料は生育期間中、月に1回化成肥料を置き肥します。

●花が終わったら

冬越しした株は、4月に枝の1/3を残して切り詰め、細い枝などは基部から切りとって、一回り大きな鉢に植えかえます。

ここがポイント

①無霜地帯では庭植えもできます。
②水ぎれすると花もちが悪くなります。
③生育期間中は忘れずに追肥をします。

シコンノボタンの鉢植え

ハイビスカス

次々と華やかな花をつける熱帯性花木

'キャンディウインド'

ハイビスカスの鉢植え

夏から秋

'フラミンゴ'

別名	科名	分類
ブッソウゲ	アオイ科	非耐寒性常緑低木

● 栽培カレンダー

月	1	2	3	4	5	6	7	8	9	10	11	12
開花期						■	■	■	■	■		
置き場所	室内	室内	室内	室内	ひなた	ひなた	ひなた	ひなた	ひなた	ひなた	室内	室内
植えつけ・植えかえ									■			
手入れ				剪定								

中国原産のブッソウゲ系と、南太平洋諸島原産の大輪系、さらに両者の交雑でつくり出された品種群などがあります。濃赤色一重咲きの'ブリリアント'などのほか、花色も黄、ピンク、白など非常に多くの品種があります。八重咲き種もあります。

● 買い方、選び方、楽しみ方

熱帯性花木なので、5月以降に入手するほうが楽です。幹のしっかりした、枝のバランスのよい株を選びましょう。冬越しのスペースさえ確保できれば、大型のコンテナで大株に仕立てるとみごとです。

● 失敗しない管理のコツ

5月から10月までは日当たりのよい戸外で管理しますが、11月に入ったら室内に移し、ガラス越しの日が当たる窓辺で冬越しさせます。最低越冬温度は7〜10度ほどです。

4月下旬から10月までの生育期は、鉢土の表面が乾いてきたら水を十分に与えます。5〜9月までは40〜50日間隔で、有機固形肥料の置き肥を施します。

● 花が終わったら

ひとわたり花が咲き終わったら、枝を切り詰めて、株の生長に応じ、新しい鉢に植え直します。

ここがポイント

① 5月〜10月は日当たりのよい戸外で管理。
② 生育期間中は十分水を与え、追肥もします。
③ 11月からは日の当たる室内の窓辺で管理。

ハナスベリヒユ

花色豊富で、ハンギングに向く

八重咲き品種‘カーニバル’

別名	科名	分類
ポーチュラカ	スベリヒユ科	非耐寒性多年草(日本では春まき一年草)

●栽培カレンダー

月	1	2	3	4	5	6	7	8	9	10	11	12
開花期					■	■	■	■	■	■		
置き場所	日の当たる室内で５度以上に保つ				ひなた							
植えつけ・植えかえ					■							
手入れ						挿し木					切り戻し	

マツバボタンの仲間で草姿もよく似ています。80年代半ばころからポーチュラカの名で普及し、今では夏の定番の花となっています。葉や茎が多肉質で、内部に水分を含んでいるため、乾燥に強いのが特徴で、一重と八重の品種があります。花は1日花ですが、夏から秋にかけて、赤、橙、ピンク、黄、白の花を次々と咲かせ続けます。

●買い方、選び方、楽しみ方

春に売り出される苗や鉢花を購入します。つぼみが多く、葉の色つやがよいものを選びましょう。横に這う性質があるので、吊り鉢やハンギングバスケットにも最適です。大きなコンテナに植えると、アプローチやベランダのよい飾りになります。

●失敗しない管理のコツ

日が当たらないと開花しないので、日当たりのよい場所に置き、鉢土の表面が乾いてからたっぷり水を与え、乾燥ぎみに管理します。開花期が長いので、月に1～2回、薄めの液肥を施します。

●花が終わったら

花がらはこまめに摘みとります。霜にあうと枯れますが、花のすんだ枝を切り詰めて、5度以上の室内で乾きぎみに管理すると冬越しできます。挿し木で容易にふやせます。

ここがポイント

多肉質の植物なので、日当たりよく、乾燥ぎみに育てるのがポイントです。

ハナスベリヒユのハンギングバスケット

ハナスベリヒユ

ブーゲンビレア

比較的育てやすい熱帯の花

'ピンクレディー'

別名	科名	分類
イカダカズラ	オシロイバナ科	半耐寒性常緑つる性木本

●栽培カレンダー

月	1	2	3	4	5	6	7	8	9	10	11	12
開花期					■	■	■	■				
置き場所	室内	室内	室内	室内	ひなた	ひなた	ひなた	ひなた	ひなた	ひなた	室内	室内
植えつけ・植えかえ								■	■			
手入れ												

南アメリカ原産の熱帯性花木です。花のように見えるのは苞《ほう》で、深紅、紅紫、黄、桃、白など多くの品種があります。

●買い方、選び方、楽しみ方

3月ごろになると、促成栽培された鉢花が出回ります。幹のしっかりした、枝のバランスがよいものを選びます。暖地以外では鉢植えで観賞します。吊り鉢にすると垂れて咲く花が楽しめます。

●失敗しない管理のコツ

鉢花を買い求めたら、日当たりのよい窓辺に置いて観賞し、5月になったら10月まではは戸外のひなたに置いて十分に日に当てます。

つぼみがつき始めてから開花中はたっぷり水を与え、その後は水やりを控えて乾かしぎみに管理します。

5～9月の生育期間中は肥料ぎれしないように、窒素分の少ない緩効性化成肥料、または油かすと骨粉を混ぜた肥料を置き肥します。

●花が終わったら

花後に枝を切り戻し、一回り大きな鉢に植えかえます。冬季は5度以上保てる日当たりのよい室内に置いて冬越しさせます。

ブーゲンビレア

ブーゲンビレア

ここがポイント

①開花中はたっぷり水を与えます。

②窒素肥料が多かったりすると、つるばかりが伸びて花をつけません。

③花が終わったら、水やりを控えめにして、冬は日当たりのよい室内で管理します。

フクシア

エレガントな花形が人気

‘薄紫八重’

‘ミヌエット’

別名	科名	分類
ツリウキソウ	アカバナ科	半耐寒性常緑広葉低木

●栽培カレンダー

月	1	2	3	4	5	6	7	8	9	10	11	12
開花期				■	■	■	■					
置き場所	室内	室内	室内	室内	室内／ひなた	ひなた	ひなた／半日陰	半日陰	ひなた	ひなた	室内	室内
植えつけ・植えかえ			■	■								
手入れ			切り戻し	切り戻し								

メキシコや熱帯アメリカ原産の常緑低木で、春から夏にかけて、美しい花を下垂させます。花形がおしゃれなことから、欧米ではイヤリングに見立てて「レディース・イヤードロップス」（貴婦人の耳飾り）と呼ばれています。下垂性タイプ、立ち性タイプ、叢生タイプなどがあります。

●買い方、選び方、楽しみ方

春から初夏にポット苗や鉢花が出回ります。つぼみがたくさんついて、枝が間伸びせず、葉につやがあり、枝ぶりと鉢とのバランスがとれたものを選びます。下垂性タイプを吊り鉢に植えたり、鉢植えにして観賞します。

●失敗しない管理のコツ

春と秋は日当たりのよい戸外に置き、鉢土の表面が乾いたらたっぷり水を与え、よく生育するので、月に2～3回液肥を施します。夏は涼しい半日陰に、冬は室内の窓辺に置き、夏も冬も水やりは控えます。環境が変化するとつぼみが落ちやすいので、頻繁に置き場所を変えないように管理します。

●花が終わったら

冬越しさせた株は　3月下旬～4月上旬に枝を強めに切り詰めて植えかえます。

ここがポイント

①夏越しがいちばんのポイントです。戸外の半日陰で水を控えて乾かしぎみに保ち、特に暑い日は葉水だけにします。

②11月に入ったら、室内に入れます。

フクシアのスタンダード仕立て

プレクトランサス

葉も楽しめるおしゃれな花

‘モナ ラベンダー’

科名	分類
シソ科	半耐寒性常緑多年草

●栽培カレンダー

月	1	2	3	4	5	6	7	8	9	10	11	12
開花期						■	■	■	■	■	■	
置き場所	室内	室内	室内	ひなた	ひなた	半日陰	半日陰	半日陰	半日陰／ひなた	ひなた	ひなた	室内
植えつけ・植えかえ				■	植えかえ							
手入れ				挿し木	■	■	■	■	■ 切り戻し			

多くはアフリカ、アジア、オーストラリアの熱帯・亜熱帯地域が原産の多年草です。最近は南アフリカ原産で、直立した茎にたくさんの花を穂状につける種類が出回り、葉だけではなく花も美しいので、人気があります。先端が5裂した萼《がく》の中から唇形の花が突き出て咲き、花が散ったあとも萼が残ります。ほかに、匍匐性で、カラーリーフとして利用するものもあります。

●買い方、選び方、楽しみ方

春と秋にポット苗や開花株の鉢植えが出回ります。よく分枝して、つぼみがたくさんついた、下の葉が黄変せず葉色の鮮やかなものを選びます。大きく育つので、単体で植えても見ごたえがあります。また、小さな季節の草花と寄せ植えすると、しゃれた感じに仕上がります。

●失敗しない管理のコツ

春と秋は日当たりのよい戸外に置き、夏は葉焼けしないように直射日光を避けて、半日陰に置きます。鉢土の表面が乾いたらたっぷり水を与え、4～11月は月に2～3回液肥を施します。冬は室内の窓辺に置き、乾かしぎみに5度程度に保ちます。

●花が終わったら

花が終わった花茎は早目に切りとります。下葉がなくなり茎が伸びすぎた株は、5～6月に株元から10～15cmほどのところを切り戻し、切った茎を挿し木に利用します。

‘ヴァリエゲイテッド ミントリーフ’

‘ケープエンジェル パープル’

ブラキカム

花壇に、寄せ植えにと用途が広い

‘姫小菊’

別名	科名	分類
ブラキスコメ	キク科	秋まき一年草、半耐寒性常緑多年草

●栽培カレンダー

月	1	2	3	4	5	6	7	8	9	10	11	12
開花期			━	━	━	━	━	━	━	━	━	
置き場所	室内	室内	室内	ひなた	ひなた	ひなた	ひなた	半日陰	半日陰	ひなた	ひなた	室内
植えつけ・植えかえ			植えかえ									
手入れ			株分け				切り戻し					

オーストラリア原産。一季咲きの一年草タイプのものもありますが、近年は四季咲き性の多年草タイプの育種が進み、数多くの品種が導入されています。花色も白、桃、青、紫、淡黄と、豊富になりました。スワンリバーコスモスの別名もあります。

●買い方、選び方、楽しみ方

つぼみがたくさんついていて、徒長していない株を選びます。草姿が優しいので、何株か寄せ植えにすると見ごたえのある鉢花になります。また吊り鉢に仕立ててもよいでしょう。

‘ストロベリームース’

●失敗しない管理のコツ

日光を好むので、春と秋は風通しのよい日の当たる場所に置き、夏は涼しい半日陰に移します。寒さにはやや弱いので、霜が降りる前に室内にとり込んで、冬は5度以上を保ちます。鉢土の表面が乾いたらたっぷり水を与え、花期が長いので、3～11月の生育期には月に1～2回薄い液肥を施します。

●花が終わったら

花がらはこまめに摘みとり、花が一段落したら全体を刈り込みます。

ここがポイント

①夏は水ぎれさせないようにして、午後の強光線を遮って育てます。

②梅雨明け前後に切り戻し、夏の間は花を休ませたほうがよいでしょう。

ブラキカムの鉢植え

マリーゴールド

開花期が長く、丈夫で育てやすい花

マリーゴールドなどの寄せ植え

別名	科名	分類
フレンチマリーゴールド→クジャクソウ　アフリカンマリーゴールド→マンジュギク	キク科	春まき一年草

●栽培カレンダー

月	1	2	3	4	5	6	7	8	9	10	11	12
開花期						■	■	■	■	■		
置き場所					■	■	■ ひなた	■	■	■		
植えつけ・植えかえ				■	■							
手入れ				■ タネまき	■			■ 切り戻し				

春から秋にかけて次々と花を咲かせ続け、満開のときは株が花で覆われるようになります。草丈が20～40㎝で鉢植えに向く小型タイプのフレンチ種と大型タイプのアフリカン種があります。アフリカン種は草丈が1mになる高性種ですが、最近は鉢植えに向くコンパクトな品種も出回ります。

●買い方、選び方、楽しみ方

春からポット苗や鉢植えのものが出回ります。花色を見て好みのものを選びますが、伸びすぎたものや、下葉が黄色くなったものは避けます。コンテナや花壇に集団で植えつけると映えます。

●失敗しない管理のコツ

日陰では花つきが悪くなるので、十分に日の当たるところに置き、鉢土の表面が乾いたら、たっぷり水を与えます。花期が長いので、10日に1回窒素分の少ない液肥を水やり代わりに施すようにします。

●株の手入れ

花がらはこまめに摘みとります。夏になって花の数が少なくなってきたら、草丈の半分ほどを切り戻して追肥を施すと、晩秋まで再び花を楽しむことができます。

ここがポイント

①肥料、特に窒素過多は花つきを悪くします。むやみに追肥を行わないこと。

②8月に入り、株が傷んだり、花数が少なくなってきたら切り戻し、株を休ませます。

アフリカンマリーゴールド

フレンチマリーゴールドのプランター植え

マリーゴールド

マンデヴィラ

熱帯の香りが漂う

別名	科名	分類
ディプラデニア	キョウチクトウ科	非耐寒性常緑つる性木本

●栽培カレンダー

月	1	2	3	4	5	6	7	8	9	10	11	12
開花期												
置き場所		室内						ひなた			室内	
植えつけ・植えかえ												
手入れ											剪定	

中南米のボリビア、ブラジルに分布するつる性植物です。ほかのものに絡んで生育し、初夏から秋にアサガオの花に似たロート状の花をいくつもつけ、開花中は熱帯の香りを感じさせてくれます。

●買い方、選び方、楽しみ方

園芸店などでは、旧属名のディプラデニアの名で出回っていることが多いようです。花色(濃桃、桃、淡桃、白)を見て、好みのものを選びましょう。つるが太くてしっかりし、葉色のよいものを選びます。

●失敗しない管理のコツ

十分に日が当たる、戸外に置きます。寒さに弱いので、冬は最低温度10度以上の室内に置いて管理します。水やりは開花中は水ぎれさせないように、鉢土の表面が乾いたらたっぷり与えます。冬は週に1〜2回の水やりで十分です。肥料は5〜9月にかけて、油かすと骨粉を等量混ぜたものを2カ月に1回施します。

●花が終わったら

花後に3〜4節残して切り詰め、4月下旬〜5月上旬に腐食質に富んだ水はけのよい用土で植えかえます。

ここがポイント

①生育期は戸外に置いて十分日に当てると、花つきがよくなります。

②冬は室内にとり入れて10度以上に保ち、乾かしぎみに水やりします。

マンデヴィラ

ボリビエンシス

マンデヴィラ

マダガスカルジャスミン（斑入り）

マダガスカルジャスミン
甘い香りを放つ星形の花

科名	ガガイモ科
分類	非耐寒性常緑つる性木本

● 栽培カレンダー

月	1	2	3	4	5	6	7	8	9	10	11	12
開花期				■	■	■						
置き場所	室内				ひなた		半日陰		ひなた		室内	
植えつけ・植えかえ				植えかえ								
手入れ							挿し木					

マダガスカル原産のつる性植物で、茎を切ると白い乳液が出ます。筒型で先が5裂して、やや反り返って星形に開く純白の花を夏の間次々と咲かせます。花にはジャスミンのような甘い香りがあります。葉に白い斑が入る品種も出回ります。

● 失敗しない管理のコツ

日なたを好みますが、強い日差しは苦手です。夏は、高温と西日を避けて、涼しい半日陰に置きます。鉢土の表面が乾いてからたっぷり水を与え、春～秋は月に3～4回液肥を施します。秋～春までは、日当たりのよい室内の窓辺に置き、冬は水を控えて5度以上に保ちます。

夏から秋

メランポディウム
盛夏も休まず花を咲かせる

科名	キク科
分類	春まき1年草または多年草

● 栽培カレンダー

月	1	2	3	4	5	6	7	8	9	10	11	12
開花期						■	■	■	■	■		
置き場所				ひなた								
植えつけ・植えかえ				植えつけ								
手入れ			タネまき									

メキシコ原産の1年草または多年草です。日本の高温多湿の夏でも休まずに黄色い花が咲き続けるので、花の少なくなる夏の花壇やコンテナの寄せ植えで重宝します。

● 失敗しない管理のコツ

半日陰でも育ちますが、日光を好むので、よく日の当たる風通しがよい場所に置き、鉢土の表面が乾いてからたっぷり水を与えます。多肥を嫌いますが、花期が長いので10日に1度、薄い液肥を施します。咲き終わった枝を切り戻すと長く咲き続けます。一般には春に出るポット苗を購入しますが、タネを直まきしても育てられます。

メランポディウム

ユリ

鉢植えでも、豪華に楽しめる

科名
ユリ科

分類
秋植え球根

●栽培カレンダー

月	1	2	3	4	5	6	7	8	9	10	11	12
開花期												
置き場所		戸外					ひなた				戸外	
植えつけ・植えかえ							掘り上げ、植えつけ					
手入れ								マルチング				

端正な花形をもつユリは花色も豊富で、清純、華麗、豪華などさまざまな印象を与え、多くの人々に親しまれています。切り花はもちろん鉢植えにしても観賞価値の高い花として人気があります。

●系統、品種のいろいろ

ユリの花は花形から、テッポウユリ形(ラッパ形)、ヤマユリ形(ロート形)、スカシユリ形(茶碗形で花弁と花弁の間が透けている)、カノコユリ形(花弁が反転して球形になる)の4タイプに大別されます。現在、流通しているものの多くは、スカシユリ系のアジアティックハイブリッド、カノコユリ系のオリエンタルハイブリッドと呼ばれるもので、それぞれに多数の園芸品種があり、最近ますます多彩になってきています。

テッポウユリ

●買い方、選び方

9月ごろから市販される球根を買って植えつけます。ラベルで花色などを確かめて、病気や害虫の被害のない、かたく締まった球根を選びます。

●楽しみ方

深鉢に植えて観賞します。コンテナにほかの草花と寄せ植えにすると、一段と豪華になります。

●球根の植えつけ方

9月下旬～10月中旬が適期です。

鉢　深鉢を用います。7号鉢で小球3～4球、中球は2～3球、大球は1球を目安にします。

用土　赤玉土に腐葉土を3割くらい混ぜたものを用意します。

‘カサブランカ’

'オレンジシャーベット'

'ノバセント'

'モナリザ'

'緑の妖精'

'ウッドリフス メモリー'

'ル レーブ'

植えつけ　ユリには球根の下から出る根と、球根から出た茎の土中部分から出る根（上根）があります。下の根は植物を支える役目で、ユリを育てる養分の吸収は上根で行います。植えつけは上根が十分伸びるように、球根の高さの3倍くらいの深さになるように植えつけます。

肥料　元肥として緩効性化成肥料を施します。

●失敗しない管理のコツ

置き場所　春になって芽が見えたら、日当たりのよい場所に置きます。

水やり　鉢土の表面が乾いたら水やりします。植えつけて芽が出るまでは、水やりを忘れないように注意します。

肥料　春になって芽が出てきたら、2週間に1回液肥を施します。

●花が終わったら

ユリの球根は開花後に急速に肥大するので、花後は月に2回液肥を施して肥培します。9月下旬～10月中旬に球根を掘り上げて、新しい用土で植えつけます。

ここがポイント

①9月下旬～10月中旬に、かたく締まった球根を求め、できるだけ早く植えつけます。
②冬は、凍らないくらいの寒さにあわせます。
③鉢植えを購入したときは、秋に地上部が枯れるのを待って植えかえます。

ユリオプスデージー

冬に咲く黄金色の花が魅力的

八重咲き品種‘ティアラ ミキ’

‘ゴールデンクラッカー’

科名	分類
キク科	半耐寒性常緑多年草

●栽培カレンダー

月	1	2	3	4	5	6	7	8	9	10	11	12
開花期	■	■	■	■	■						■	■
置き場所	室内	室内	室内	ひなた（夏は軒下など）	ひなた（夏は軒下など）	ひなた（夏は軒下など）	ひなた（夏は軒下など）	ひなた（夏は軒下など）	ひなた（夏は軒下など）	ひなた（夏は軒下など）	ひなた（夏は軒下など）／室内	室内
植えつけ・植えかえ					■	■						
手入れ	花がら摘み	花がら摘み	花がら摘み	花がら摘み	花がら摘み／剪定	剪定					花がら摘み	花がら摘み

花が少なくなる晩秋から冬に、濁りのない鮮明な黄色の、ひときわ目立つ花をつけます。切れ込みのある葉は灰緑色で、花とのコントラストもみごとです。

●買い方、選び方、楽しみ方

普通種は草丈が60～70㎝と大きくなりますが、矮性のものが鉢花として出回っています。これを購入して鉢花として観賞するほか、冬から春の寄せ植え材料に利用します。

●失敗しない管理のコツ

冬に凍らないところでは、日当たりがよく、北風の当たらない戸外に置きます。寒地では室内の日当たりのよい窓辺に置いて管理します。開花中は鉢土の表面が乾いたらたっぷり水を与え、花がらを摘みとります。

●花が終わったら

5月下旬～6月上旬に一回り大きな鉢に植えかえます。梅雨になったら雨の当たらない、風通しのよい軒下などに移し、7月中旬まで薄い液肥を10日に1回施します。水やりは過湿にならないように、鉢土の表面が乾いてからたっぷりと与えます。秋になったら再びひなたに戻し、9月中旬～10月中旬に液肥を施します。

ここがポイント

①梅雨時には雨の当たらない軒下などに置き、一年を通じ、過湿にならないようにします。

②暖地では戸外で冬越しできますが、凍るような地域では室内の窓辺で冬越しさせます。

ユリオプスデージー

ランタナ

花色が次々と変わる「七変化」

コバノランタナ

ランタナの鉢植え

別名	科名	分類
シチヘンゲ	クマツヅラ科	非耐寒性常緑小低木

●栽培カレンダー

月	1	2	3	4	5	6	7	8	9	10	11	12
開花期						■	■	■	■	■	■	
置き場所	■	室内	■	■ / ■	■	■	■	ひなた	■	■	■	室内
植えつけ・植えかえ				■								
手入れ				剪定								

小花が集まってかんざしのような花房になります。咲き始めは黄色で、しだいにオレンジから赤へと変化していき、それがひとつの花房の中で次々と変わっていくので、シチヘンゲ（七変化）の和名がついています。このほか、花色が白からピンク、紫に変化するものとか、黄色の単色だけのものなどがあります。また、枝が匍匐するコバノランタナがあります。

●買い方、選び方、楽しみ方

花つきがよく、葉の色つやのよい締まった株を選びます。ランタナは鉢で、コバノランタナは吊り鉢で栽培して観賞します。

●失敗しない管理のコツ

できるだけ戸外の日当たりのよい場所に置いて育てます。寒さに弱いので冬は日当たりのよい窓辺に置いて冬越しさせます。

水やりは、過湿にならないように注意して鉢土の表面が乾いたらたっぷり与え、秋の終わりごろから冬の間は控えめにします。

開花期が長いので、5～10月は肥料ぎれしないように、月に2回液肥を施します。

●花が終わったら

毎年4月ごろに枝を半分くらいまで切り詰め、一回り大きな鉢に植えかえます。

ここがポイント

①春から秋は戸外の日当たりに置き、水ぎれ、肥料ぎれしないように気をつけます。

②冬は日の当たる室内の窓辺で管理します。

様々な花色のランタナの寄せ植え

リンドウ

秋を代表する山野草

(左)‘メルヘンアシロ’、(右)‘ブルーアシロ’

科名	分類
リンドウ科	耐寒性多年草

●栽培カレンダー

月	1	2	3	4	5	6	7	8	9	10	11	12
開花期									■	■	■	
置き場所	軒下など	■	■	■	■	■	ひなた	■	■	■	■	■
植えつけ・植えかえ			■									
手入れ					■	摘芯・挿し木			■	花がら摘み	■	

山野の草原などに自生し、秋になると茎の頂部や上部にある葉のつけ根に、青紫色の筒状の花を咲かせます。鉢花としては矮性のシンキリシマリンドウやイシヅチリンドウの園芸品種がよく出回っています。

●買い方、選び方、楽しみ方

夏に鉢花が出回ります。茎が太くしっかりしていて、葉が変色していない株を選びます。ポットで仕立てられているので、別の陶製の鉢に移しかえると、観賞価値が高まります。

●失敗しない管理のコツ

花は日光に当たると開くので、必ず日のよく当たるところに置いて管理します。鉢土の表面が乾いたらたっぷり水をやります。

開花中は施肥の必要はありません。花が終わると茶色に変色するので、花がら摘みをします。

●花が終わったら

冬には地上部が枯れるので、北風の当たらない軒下などに移し、水ぎれしないように水やりします。冬越しした株は3月ごろ植えかえと株分けをします。4～7月中旬ごろまで緩効性化成肥料を月に1回置き肥します。春に新芽が伸びたら2～3節残して摘芯し、切りとった枝を挿し木してふやせます。

ここがポイント

①日光が当たらないと花が開きません。
②春から夏に入るころまで、月に1回置き肥を施します。
③春に摘芯し、挿し木でふやせます。

‘白寿’

‘ナイアガラ’

アザレア

花が豪華な西洋ツツジ

科名	分類
ツツジ科	常緑広葉小低木

●**栽培カレンダー**

月	1	2	3	4	5	6	7	8	9	10	11	12
開花期	■	■	■									■
置き場所	室内	室内	室内	室内	ひなた（8月は半日陰）	ひなた（8月は半日陰）	ひなた（8月は半日陰）	ひなた（8月は半日陰）	ひなた（8月は半日陰）	ひなた（8月は半日陰）	ひなた（8月は半日陰）	室内
植えつけ・植えかえ					■	■						
手入れ					剪定	剪定						

日本産や中国産のツツジをヨーロッパで改良したものです。樹高が30～50cmと低く、華やかな色の花が株を覆うように咲き、豪華な鉢花になります。

●買い方、選び方、楽しみ方

葉色が濃くてつやがあり、つぼみの多いものを選ぶと長期間楽しめます。

●失敗しない管理のコツ

越冬最低温度が3度と寒さに弱いので、購入した鉢花は暖房をしていない室内の窓ぎわなどに置いて観賞します。5～10月は戸外のひなた（夏季は日よけをする）に置いて管理します。水やりは鉢土の表面が乾いたら、花にかからないようにたっぷり与え、肥料は花後の5～9月（8月は除く）に、液肥を月2～3回施します。

●花が終わったら

花後6月までに枝を切り詰め、鹿沼土7：腐葉土3の混合土で一回り大きな鉢に植えかえます。また、この時期に、新芽の枝先を10cmくらいの長さで切りとり、水揚げした後、鹿沼土に挿して苗をふやせます。発根したものを秋に鉢上げすると、翌年の春には開花します。

ここがポイント

①開花株は、暖房のない室内の窓辺で管理すると花が長く楽しめます。

②花芽が夏の高温期に形成されるので、剪定などは6月までに終わらせます。

‘プリマベーラ’

‘アクアレル’

‘ロザリー’

エリカ

こまかい葉の間に咲く花がみごと

別名
ヒース

科名
ツツジ科

分類
半耐寒性常緑低木

●栽培カレンダー

月	1	2	3	4	5	6	7	8	9	10	11	12
開花期												
置き場所		室内					ひなた					室内
植えつけ・植えかえ												
手入れ				剪定								

耐寒性にやや欠けることから、主に鉢花として親しまれています。大きく分けると冬咲き種と春咲き種がありますが、現在流通しているもののほとんどは冬咲き種です。

●系統、品種のいろいろ

ヨーロッパからアフリカにかけて約７５０種ほど分布していますが、多くは南アフリカ原産です。花色は豊富で、花形も杯状、筒状、壷状など多様です。代表的なものに、桃色の壷状の花から黒っぽい葯《やく》が見えるジャノメエリカ、スズランのような白い花を枝いっぱいにつけるスズランエリカ、桃赤色の筒状の花をつけるヒエマリス、紫桃色の小花を枝いっぱいにつけるアワユキエリカなどがありますが、ここ数年は、年々新しい冬咲き種が登場しています。

●買い方、選び方

1〜3月ごろに鉢花として出回るので、花色、花の形などを見て、つぼみがたくさんついているものを選びます。葉の色もよく、しっかり締まった株を選ぶようにします。

●楽しみ方

主に鉢花として観賞します。庭植えにできるのはジャノメエリカが向くくらいで、それも本州中部以西の暖地に限ります。

●失敗しない管理のコツ

置き場所 春から秋は日当たりのよい戸外に置きます。南アフリカ原産のエリカは、やや寒さに弱くマイナス8度くらいになると、枯死してしまいます。0度でも生育はしますが、できれば5度くらいに保って、日当たりのよい窓辺などに飾って冬越しさせます。

水やり 水ぎれは禁物です。鉢土の表面が乾いたらたっぷり与えます。

肥料 多肥は禁物です。1月と8月下旬に、緩効性化成肥料を控えめに施します。

植えつけ ジャノメエリカを庭に植えつけるときは、日当たりと水はけのよいところを選び、3月下旬〜4月に行います。

●花が終わったら

アケボノエリカ

エリカ オテアシー
（ウィンターファイヤー）

パタソニア

エリカ バウエラ（ブライダルヒース）

ジャノメエリカ

スズランエリカ

エリカ ケリントイデス
（ファイヤーヒース）

アビエティナ

翌年も花を楽しむために、花後に剪定して新しい用土で植えかえます。適期は寒さが遠のいた3月下旬～4月。込んでいる部分はふところ枝などを間引き、花の咲いた枝を$\frac{1}{2}$くらいの長さに切り詰めて形を整えます。植えかえは、酸性土を好むので、用土は鹿沼土にピートモスを3割ほど混ぜてつくります。エリカは根がこまかいので、毎年植えかえます。植えかえを怠ると、すぐ根詰まりを起こして樹勢が衰え、花つきが悪くなるばかりでなく枯れてしまうので注意します。

ここがポイント

①春から秋は戸外に置き、冬は日当たりのよい室内で管理します。
②水ぎれは禁物。肥料は控えめに施します。
③花後に、開花した枝を切り戻します。
④植えかえを怠ると根詰まりを起こすので、必ず毎年植えかえます。

エラチオールベゴニア

1鉢でも花かごのような豪華さに

‘シュワベンランド’

科名	分類
シュウカイドウ科	非耐寒性多年草

●栽培カレンダー

月	1	2	3	4	5	6	7	8	9	10	11	12
開花期	■	■	■	■	■	■				■	■	■
置き場所			室内の窓辺				明るい半日陰			ひなた	室内の窓辺	
植えつけ・植えかえ			■						■	■		
手入れ												

よく目立つ華やかな花が、株を覆うように咲き、1鉢でもまるで花かごのようになります。

●買い方、選び方、楽しみ方

花色が鮮やかで、つぼみが多くついているもの。茎が太くて伸びすぎず、株姿が締まっているもの。葉につやがあって葉茎が病害虫に侵されていないものを選びます。春か秋に購入するとすると、戸外で楽に管理できます。

●失敗しない管理のコツ

春から秋は戸外の涼しい半日陰に置き、真夏は50%くらい遮光します。鉢土の表面が乾いたころにたっぷり水を与えます、冬季はレースのカーテン越しの日が当たる窓辺に置き、水やりを控えて最低10度以上を保つようにしますが、加湿器などで湿度調整をします。花が咲き続けているときは、月に2～3回液肥を施します。

●花が終わったら

咲き終わった花は、こまめに摘みとります。

花が終わったら5月または9月中旬～10月中旬に、株元から2～3節残して茎を切りとり、新しい用土で植えかえます。

ここがポイント

①開花中は咲き終わった花をこまめに摘みとり、月に2回くらい液肥を施します。

②5～9月は、強い日ざしを防ぐために明るい半日陰に移します

‘アイーダ’

‘アールヌーボー’

‘嵯峨の雪’

オンシジウム

オンシジウム

黄色い蝶が舞い飛ぶような花姿

別名
バタフライオーキッド

科名
ラン科

分類
非耐寒性多年草

●栽培カレンダー（秋、冬咲き種）

月	1	2	3	4	5	6	7	8	9	10	11	12
開花期												
置き場所		室内				雨の当たらない半日陰					室内	
植えつけ・植えかえ						植えかえ						
手入れ										支柱立て		

スカートを広げて踊っているように見える花形から「ダンシングレディー」のニックネームもあります。園芸店で購入できるほとんどのものは、夏の後半から冬にかけて咲く種類です。

●失敗しない管理のコツ

日光不足では花が咲きにくいため、秋から春の開花期は室内の日がよく当たる場所に置き、10度以上を保ちます。5～10月は戸外の半日陰に置き、雨に当てないようにします。過湿を嫌うため乾かしぎみに管理しますが、初夏から初秋は鉢土の表面が乾いたらたっぷり水を与えます。月に1～2回、薄い液肥を施します。

冬

ギョリュウバイ

ギョリュウバイ

ウメのような花が魅力の冬の鉢花

科名
フトモモ科

分類
常緑低木

●栽培カレンダー

月	1	2	3	4	5	6	7	8	9	10	11	12
開花期												
置き場所		室内					ひなた					室内
植えつけ・植えかえ												
手入れ					剪定・整枝							

花の少ない時期の鉢花として親しまれています。葉は針葉樹と見間違えるほどの小葉で、ウメの花に似た5弁の花を枝いっぱいにつけます。一重咲きのほか八重咲きもあります。

●失敗しない管理のコツ

開花株を購入したら、明るい室内に置いて、鉢土の表面が白く乾いてからたっぷり水を与えます。春から秋までは戸外のひなたに置きますが、梅雨の時期は雨を避けて軒下などに移して管理します。肥料過多にならないように、花後と春先に少量施します。花後に伸びた枝を1/3程度に切り詰め、新しい用土で植えかえます。

オキザリス

春まで楽しめるおしゃれな花

別名
ハナカタバミ

科名
カタバミ科

分類
夏植え球根

●栽培カレンダー

月	1	2	3	4	5	6	7	8	9	10	11	12
開花期	■	■	■	■						■	■	■
置き場所	■	室内	■	■			■	ひなた	■	■	■	室内
植えつけ・植えかえ							■	■	■			
手入れ												

一般にオキザリスと呼んでいるのは、中央～南アメリカや南アフリカ原産の球根植物です。種類が豊富で、開花期も長いので長期間楽しめます。丈夫で育てやすく、寒さには比較的強く、霜に当たらなければ地植えで冬越しします。

●系統、品種のいろいろ

黄色い小花をたくさんつけるロバータ、つぼみに入る螺旋《らせん》状の紅線が愛らしいバーシカラー、花が大きくて美しいプルプレア、整った草姿のボーウィーなどは冬の窓辺を彩るオキザリスです。長い花茎の先に多数のピンクの花をつける四葉のクローバーのようなデッペイ、紫色の葉とピンクの花の対比が美しい原種のトリアングラリスなどは初夏から秋に開花するオキザリスです。

●買い方、選び方

晩秋に鉢花やポット苗が出回るので、これを購入すると便利です。花色、葉色とも鮮明で、しっかりしたものを選びます。また、夏から秋に球根を植えつけることもできます。

●楽しみ方

園芸品種の種類が多く、夏植え球根のほか春植え種、常緑種などもあります。美しい花を観賞するだけでなく、ブロンズや紫、斑入り葉などバラエティーに富む葉色や葉の形があり、カラーリーフとしても楽しめます。

●失敗しない管理のコツ

置き場所　多くの種類は、光に反応して開花します。晴天で太陽が照っている間だけ花が

ペスーカペラエ

ヒルタ

トリアングラリス（紫の舞）

バーシカラー

フラバ

ボーウィー

ラシアンドラ

ロバータ

咲き、曇りの日や雨の日は閉じているので、鉢花を求めたら、何よりも日当たりのよい戸外に置きます。半耐寒性種は霜がおりる前に室内にとり込みますが、暖房のきいた部屋を避け、日当たりのよい窓辺に置きます。

水やり　鉢土の表面が乾いたらたっぷり水を与えますが、過湿を嫌うので、いつもじめじめした状態は避け、乾かしぎみに管理します。葉が枯れはじめたら水やりをやめ、鉢ごと乾燥させます。

肥料　生育期に、葉の色が冴えなかったり、株に勢いがないときは、緩効性の化成肥料を置き肥します。花後にも1～2回液肥を施します。

病害虫　丈夫で、特に心配はありませんが、トリアングラリスは、梅雨期にさび病が発生することがあります。梅雨期と秋の長雨時に、殺菌剤を散布して予防します。

●花が終わったら

花が終わったら、花首の下で切りとります。葉が枯れて休眠したら水やりを中止して、鉢ごと乾燥させます。

ここがポイント

①日が当たらないと花が開かないので、必ずひなたで育てることが絶対条件です。

②11月中旬になったら日当たりがよい室内にとり込んで冬越しさせますが、暖房のある部屋には置かないようにします。

カトレア

ゴージャスな洋ランの女王

Bc.‘ピンクマーベル’

Blc.‘グレネイリーズ グリーンジャイアント’

科名	分類
ラン科	非耐寒性常緑多年草

●栽培カレンダー

月	1	2	3	4	5	6	7	8	9	10	11	12
開花期	■	■										■
置き場所	室内の窓辺				戸外（遮光 35 ～ 50%）					室内の窓辺		
植えつけ・植えかえ				■	■							
手入れ									支柱立て			

数ある洋ランの中でも、あでやかな花色とゴージャスな花容では随一。種類により四季それぞれに咲くものがありますが、最も出回るのは晩秋から冬にかけてです。ここでは冬咲き系の管理について解説します。

●買い方、選び方

12月には開花株が園芸店に出回ります。株元がぐらつかず、根がしっかり張ったものを選び、葉にシワがあるものは根が傷んでいる可能性があるので避けます。

●失敗しない管理のコツ

強光線を嫌うので、購入した鉢花はレースのカーテン越しに光が当たる室内の窓辺に置き、夏は戸外の風通しのよい半日陰に置きます。初夏から夏は毎日たっぷりと水を与えますが、ほかの時期は用土がよく乾いてから与えます。9月までは戸外で育て、10月に入ったら室内にとり込み、10度以上保ちます。5～9月中旬は週に1回薄い液肥を施し、そのほかに、5月下旬と6月下旬の2回、油かすなどの固形肥料を施します。

Lc.‘ラブノット’

●花が終わったら

花弁全体が透けてきたら、早めに花茎のつけ根から切りとります。

ここがポイント

①10月～4月は日当たりのよい室内で管理。
②植えかえは4月下旬～5月に行います。
③梅雨時の長雨に当てないようにします。

キルタンサス

芳香ある花をつける

マッケニー

マッケニー

キルタンサスの鉢植え

科名	分類
ヒガンバナ科	春・夏植え球根

●栽培カレンダー

月	1	2	3	4	5	6	7	8	9	10	11	12
開花期	■	■										■
置き場所	ひなた（夏は半日陰）											
植えつけ・植えかえ				植えつけ	植えつけ				植えつけ			
手入れ									■	■	掘り上げ・分球	

南アフリカ原産の半耐寒性球根植物です。冬～春咲きタイプと夏～秋咲きタイプがありますが、一般には冬～春咲きで、芳香をもつマッケニーと、その交配種が多く栽培されています。

細長い葉は常緑で、冬に約30cmの花茎の先に、6～10輪の花をつけます。花色は桃、橙、杏、黄、象牙色、白などがあります。

●買い方、選び方、楽しみ方

春に出回る球根を求めて、鉢栽培で観賞します。関東地方以西の暖地では、庭植えにして観賞できます。

●失敗しない管理のコツ

球根は4～5月と9月に植えつけます。赤玉土5：腐葉土2：燻炭3の割合で配合土をつくり、5号鉢に5球を目安に、球根の肩が出るくらいの浅植えにします。

日当たりのよいところに置き、鉢土の表面が乾いたらたっぷり水をやりますが、夏の間はやや控えめにし、乾かしぎみに管理します。肥料は、春と秋に薄い液肥を数回施すだけで十分です。

冬は関東地方以西では鉢土の上に敷きわらをするだけで冬越しできます。寒地では日当りのよい窓辺にとり入れて観賞します。

ここがポイント

①関東地方以西の暖地では、庭植えにして観賞できます。

②植えかえは4～5月と9月が適期です。

クンシラン

花と葉の変化が楽しめる

黄花クンシラン

斑入りダルマクンシラン

科名	分類
ヒガンバナ科	半耐寒性常緑多年草

●栽培カレンダー

月	1	2	3	4	5	6	7	8	9	10	11	12
開花期			■	■	■							
置き場所	室内	室内	室内	半日陰	半日陰	半日陰	半日陰	半日陰	半日陰	半日陰	室内	室内
植えつけ・植えかえ					■	■						
手入れ												

花も葉も美しいうえ、半日陰で育てられる鉢花として人気があります。

●買い方、選び方

葉の数が多く、両側へ形よく伸びているものを選びます。

●失敗しない管理のコツ

強い直射日光に当たると葉やけを起こすので、春から秋の間は風通しのよい半日陰に置きますが、雨に当てないように注意します。鉢土の表面が乾いたら、たっぷり水を与えます。冬は暖房のない明るい室内で5〜10度くらい保ちます。5〜6月と10〜11月に1回ずつ緩効性肥料を施します。

●花が終わったら

タネをとらないときは花後に茎の根元を切りとります。鉢いっぱいになって根が上部に出てきたら、梅雨前に根を切らないように注意して、一回り大きな鉢に植えかえます。また、子株の葉が親株と同じくらいの大きさになり、その数が10枚くらいになったら植えかえ時に株分けします。

ここがポイント

①冬は暖房のない室内で管理します。
②一年を通じて、直射日光には当てないようにします。
③花芽ができた後、5〜10度の低温に50〜60日当たらないと花芽が伸びない性質をもっているため、早めに室内にとり込まないように注意しましょう。

クンシランの鉢植え

コチョウラン(ファレノプシス)

贈り物として人気。気品の洋ラン

'シルクオレンジ'

科名	分類
ラン科	非耐寒性常緑多年草

●栽培カレンダー

月	1	2	3	4	5	6	7	8	9	10	11	12
開花期	■	■	■									
置き場所	室内の窓辺	室内の窓辺	室内の窓辺	室内の窓辺	室内の窓辺	半日陰	半日陰	半日陰	半日陰	室内の窓辺	室内の窓辺	室内の窓辺
植えつけ・植えかえ					■	■	■					
手入れ	支柱立て	支柱立て										■

蝶が並んで舞っているような咲き方から「胡蝶蘭《こちょうらん》」と呼ばれています。上品で優雅な花姿が好まれて、贈り物に使われます。

●買い方、選び方

つぼみがかたいときに求めると、環境の変化で落蕾することがあるので、つぼみがほころび始めたものを求めるようにします。葉が大きく肉厚でつやがあるもの、葉が4枚以上ついているものが健全な株です。

●失敗しない管理のコツ

開花株を購入したら、レースのカーテン越しの日が当たる室内の窓辺に置きます。最低15度以上に保ち、暖房している部屋では、温風が当たらないように注意します。水は、植え込み材料が乾いてから与え、暖房しているときは1日2〜3回霧吹きするなどして保湿に努めます。花後もカーテン越しの日が当たる窓辺に置きます。6〜9月は風通しのよい戸外の半日陰に置き、植え込み材料が乾いたら水を与え、洋ラン用の液肥を月に3回、水やりがわりに施します。10月以降は再び室内の窓辺にとり込みます。

●花が終わったら

花が終わった花茎を3節くらい残して切ると、下から芽が出てもう一度花が咲くことがありますが、株に元気がないような場合には、2番花をつけないように花茎を根元から切りとって、株を休ませることも大切です。2年に1回、5〜7月に水ごけで植えかえます。

'リトル マリー'

ルデビオラセア

シクラメン

炎のような花が魅力的

別名
カガリビバナ

科名
サクラソウ科

分類
秋植え球根

●栽培カレンダー

月	1	2	3	4	5	6	7	8	9	10	11	12
開花期	■	■	■								■	■
置き場所	日が当たる窓辺				風通しのよい半日陰					日が当たる窓辺		
植えつけ・植えかえ									■			
手入れ	花がら摘み										花がら摘み	

‘ネオ ゴールデンガール’

冬を彩る代表的な鉢花です。ハート形をした葉の間からたくさんの花茎を立ち上げて、花びらがそり返った花を咲かせます。花色は赤、紅紫のほか、桃、黄、白などがあります。

●系統、品種のいろいろ

シクラメンには、大輪種と小輪種があります。現在多く流通しているのはペルシカムの園芸品種で、大輪丸弁や大輪で花弁の縁が波打つもの、中輪八重咲き、小輪多花性種など、さまざまな品種があります。小型で愛らしいものではコームなどの原種があります。

●買い方、選び方

10月ごろから開花株が市販されます。次の点に気をつけて株を選びます。球根の上半分が土から出ていて葉数が多く、花が真ん中に集まって咲き、全体に締まった感じを受けるものがよい株です。下葉が黄色くなったものや花びらにシミがついているものは避けます。

●楽しみ方

以前はもっぱら鉢花として親しまれていましたが、小型種を改良したガーデンシクラメンなどが登場し、庭植えでも観賞できるようになってきました。

●失敗しない管理のコツ

置き場所　日中は日がよく当たる窓辺などに置き、ときどき鉢を回してまんべんなく日が当たるようにします。夜間は5度以下にならない室内に置きます。

水やり　鉢土の表面が白っぽく乾いてきたら、暖かい日の午前中に、鉢底から流れ出るまでたっぷりと与えます。水を与えるとき

ガーデンシクラメンの鉢植え

‘ハピネス ママ’

ガーデンシクラメン

‘プリマドンナ シリーズ’

‘パピリオ’

原種シクラメン ヘデリフォリウム

シクラメンとマーガレットの寄せ植え

は、花や葉、球根に水がかからないように、葉を持ち上げて直接鉢土に与えます。最近は底面給水鉢に植えられているものを多く見かけますが、この場合は、給水タンクの水がなくなってきたら補給します。

肥料　開花中は月に2～3回、1000倍に薄めた液肥を施します。

手入れ　病気に弱いので、清潔に管理します。咲き終わった花がらはこまめにとり除きます。花がら摘みは、花茎のつけ根近くをつまんでねじりながら引き抜くと簡単にとれます。また、月に1回、風のない暖かい日の午前中に戸外に出し、ジョウロで葉の上から水をかけて、ほこりを洗い流すようにします。翌年も花を楽しむには、夏越しがポイントです。夏越しの方法には、5月末から8月末まで水をまったく与えないドライ法(暑い地方向き)と、夏の間も乾いたら水を与えるウェット法(涼しい地方向き)があります。

夏越しさせた株は、9月中旬に赤玉土2：腐葉土1の配合土で、一回り大きな鉢に植えかえます。

ここがポイント

①暖房のある部屋は避けます。

②夏越しの方法には、ドライ法とウェット法がありますが、どちらの場合も風通しのよい半日陰で管理します。

シャコバサボテン

冬の室内を彩る、育てやすい鉢花

別名
クリスマスカクタス

科名
サボテン科

分類
多肉植物

●栽培カレンダー

月	1	2	3	4	5	6	7	8	9	10	11	12
開花期	■										■	■
置き場所					日が当たる窓辺							
植えつけ・植えかえ					■	■						
手入れ									摘芯			

肉厚の葉のように見える茎の節片がつながっています。この節片の両側にとげ状の突起があり、それがシャコに似ていることからシャコバサボテンの名があります。筒状花で、花色は赤、桃、紅紫、橙など。花は11月中旬～1月に茎の先端につけます。

●系統、品種のいろいろ

ブラジル原産の森林性サボテンが広く栽培されています。園芸品種がたくさんつくられ、花色も豊富になっています。

●買い方、選び方

秋になると、つぼみをつけた鉢花が出回ります。選ぶときは、各節片が肉厚で、葉の色が濃く、各茎の先に平均に、そしてできるだけたくさんつぼみがついているものにします。

●楽しみ方

普通、鉢花で観賞します。

●失敗しない管理のコツ

置き場所　11月以降に開花株を入手したときは、よく日が当たる室内の窓辺に置きます。暖房してある部屋では温風が当たるところは避けます。また、湿度不足になるので葉水を与えます。最低温度が10度以下になると、つ

ぼみが落ちることもあるので、注意します。

水やり　生育期の5～7月は、鉢土の表面が白っぽく乾いたらたっぷりと与えます。梅雨の時期はやや控えめにし、高温になる梅雨明けから9月までは、少なめに与えます。つぼみがつき始めたら生育期と同じように与え、花後は乾かさない程度に10日に1回水やりすれば十分です。

肥料　5～6月までは月1回緩効性化成肥料を施し、7月初めに緩効性化成肥料を少なめに施します。7月以降に肥料過多にすると茎が伸びるだけになり、花つきが悪くなります。

病害虫　春から初夏にかけてカイガラムシが発生することがあります。見つけしだい歯ブラシなどでこすり落とします。

'ダークマリー'

'ビューティーシャイン'

‘チタコマチ’

‘トーアブリッタ’

‘ダークマリー’、‘ホワイトベル’

‘ゴールドチャーム’

‘ピンクコンペイトウ’

●花が終わったら

植えかえ　毎年または2年に1回、伸びすぎた茎を摘みとって植えかえます。赤玉土5：ピートモス3：腐葉土2の用土に、緩効性化成肥料を元肥に施して植えかえます。9月初めに新芽を摘芯すると、そろって花がつくようになります。

挿し木　摘みとった茎を1週間ほど陰干しした後に、若い芽はとり除いて、培養土の挿し床に挿します。挿し木した後に水を与え、その後は乾かしぎみにして明るい日陰で管理すると、約1カ月後に発根します。

ここがポイント

①開花株を置く場合、暖房してある部屋では温風が当たるところは避けます。

②9月初めに新芽を摘芯すると、そろって花がつくようになります。

シネラリア

花色豊富な魅力的な花

‘彩小紋(アヤコモン)’

シネラリア

別名	科名	分類
サイネリア、フキザクラ	キク科	秋まき一年草

●栽培カレンダー

月	1	2	3	4	5	6	7	8	9	10	11	12
開花期	■	■	■	■								■
置き場所	室内	室内	室内	室内								■
植えつけ・植えかえ											■	■
手入れ									タネまき			

冬の鉢花として人気を呼んでいます。園芸品種が豊富にあり、花も径6㎝以上の巨大輪から、中輪、小輪とあり、一重咲きと八重咲きがあります。花色は赤、紅紫、桃、橙、紫、黄、白のほか複色もあります。

●買い方、選び方、楽しみ方

草丈が低く、がっしりした感じの株を選びます。下葉が黄色くなっているもの、ひょろひょろした感じものは避けます。2割くらい花が咲いていて、つぼみの多いものを選ぶと長く楽しめます。

●失敗しない管理のコツ

冬に鉢花を求めた場合は、鉢カバーなどでおしゃれに装い、暖房のない室内の窓辺などに置いて観賞します。暖房のきいた部屋に置くと、花もちが悪くなります。

開花中に水ぎれすると、葉がしおれ、花が傷んでしまいます。シネラリアは葉が大きくて蒸散しやすく、また、水はけのよい用土で植えられているので、乾燥しがちです。鉢土の表面を観察して、乾いてきたらたっぷり水を与えます。

開花期が長いので、肥料ぎれにならないように、月に2～3回、薄い液肥を施します。

ここがポイント

①水ぎれには注意しますが、受け皿には水をためないようにします。

②暖房のきいた部屋に置くと、花が長もちしません。

‘星咲き F1 サイネリア’

シンビジウム

丈夫で育てやすい、初心者向きの洋ラン

'スイートベル'

'スマイル'

冬

科名	分類
ラン科	半耐寒性常緑多年草

●栽培カレンダー

月	1	2	3	4	5	6	7	8	9	10	11	12
開花期	■	■	■									■
置き場所	室内の窓辺	■	■	■	ひなた(真夏は半日陰)	■	■	■	■	室内の窓辺	■	■
植えつけ・植えかえ					■							
手入れ				芽かき	■	■	■	■	■		支柱立て	

洋ランの中では、比較的寒さに強く、温室がなくても栽培できるので人気があります。花色豊富で、花期が長いのも魅力です。

●買い方、選び方、楽しみ方

花を正面から見て好きな色を選びます。病害虫の被害があるものなどは避けます。鉢花を1カ月くらい眺めたら、あとは切り花で観賞します。

●失敗しない管理のコツ

開花株はレースのカーテン越しの光が当たる窓辺に置き、暖房している部屋では加湿器などで湿度を補います。花が終わって霜の心配がなくなったら戸外に出して日に当て、夏は風通しのよい半日陰に移します。植え込み材料の表面が乾いたら午前中に水をたっぷり与えます。10月中旬くらいから、室内にとり込み、水やりを控えて、葉水をこまめに与えます。開花中肥料は施しませんが、4~7月の間に月に1回有機質固形肥料を置き肥し、液肥を月に2~3回施します。秋は9月中旬~10月中旬まで液肥を2~3回施し、花芽が発生したら施肥をやめます。

●花が終わったら

新芽をそのままにしておくと、養分が分散して花芽ができづらくなるので、1個のバルブに1本の新芽が残るように、あとの新芽はかきとります。秋までこの作業を繰り返します。鉢から株があふれるようになったら、5月に一回り大きな鉢に植えかえます。

'ウォームハート'

セントポーリア

室内植物の女王

科名
イワタバコ科

分類
非耐寒性常緑多年草

●栽培カレンダー

月	1	2	3	4	5	6	7	8	9	10	11	12
開花期	■	■	■	■	■	■			■	■	■	■
置き場所			室内		半日陰			日陰			室内	
植えつけ・植えかえ				■	■				■	■		
手入れ												

'アイビージョイ'

'ミホ'

一年中室内で育てられる鉢花で、条件さえ整えば周年みごとな花を咲かせることができます。花色、葉の形も豊富で美しいことから、室内植物の女王として多くの愛好家に親しまれています

●系統、品種のいろいろ

薄い青紫の花をもつ24の原種からつくられたセントポーリアは、いまでは1万近い園芸品種群となり、ますます多様になっています。

●買い方、選び方

葉柄が短く、中心に出ている新しい葉が上を向いているもの。葉に厚みがあり、つやがあるもの。開花株の場合は、つぼみがたくさんついているもの。以上の3点に注意して選びます。

●失敗しない管理のコツ

置き場所 栽培適温は18～25度です。したがって春と秋は半日陰の戸外で、夏は風通しのよい日陰に置いて、打ち水などをして温度を下げるようにします。冬は丸ケースやフラコンケースなどに入れて保温します。

光量 直射日光は大敵です。レースのカーテン越し程度の光が理想で、日照時間が短い場合は、不足分を蛍光灯で補います。戸外で管理するときは半日陰に置くか、寒冷紗で遮光します。

水やり 週に1回、栽培場所近くでくみおきしていた25度くらいの水を葉にかけないようにたっぷり与えます。冬は25度の水を用いますが、最低室温が7度以下になるときには控えめに水やりします。また、冬季は月に1回

バルバドス

バルバドス

‘ヴェンナ’

バスケットにいれたセントポーリア

くらい暖かい日を選んで、葉の上から水をかけてほこりなどを洗い落とします。

肥料　3月下旬から梅雨明けまでは、月に1回、熔リン1：ミリオン6：グアノ1を混ぜ合わせたもの500gにマグァンプK小さじ2杯を合わせた肥料（商品名「多花」）を置き肥として与え、並行して薄い液肥を水やりがわりに与えます。夏と冬は置き肥だけにして、液肥は施しません。秋に再び春同様に置き肥と薄い液肥を施します。

病害虫　カイガラムシ、オンシツコナジラミ、ホコリダニなどが発生しやすくなります。ケルセン乳剤3000倍液とサプロール乳剤1500倍液を混合した液や、アクテリック乳剤1500倍液を月1回散布して防除します。

植えかえ・繁殖　最低気温15度、最高気温20度になる春と秋が植えかえと繁殖の適期です。

植えかえ　春と秋の2回行います。用土はセントポーリア専用土を使うのが簡便です。

繁殖は、挿し芽、わき芽挿しでふやせます。

ここがポイント

①栽培適温は18～25度です。最低温度7度以上で冬越しできます。

②直射日光は大敵。レースのカーテン越し程度のやわらかい光が理想です。

③冬の水やりは、くみおきしておいたあたたかい水を使います。

デンドロビウム

丈夫で育てやすく、花つきも抜群

ユキダルマ‘クィーン’

‘レッドスター’

科名	分類
ラン科	非耐寒性常緑多年草

●栽培カレンダー

月	1	2	3	4	5	6	7	8	9	10	11	12
開花期												
置き場所		日が当たる窓辺						半日陰				
植えつけ・植えかえ												
手入れ											低温に当てる	

鮮やかな花色をもったものが多く、花つきも豊富です。形、株姿など変化に富み、育てやすいので人気があります。ここではノビル系の管理を解説します。

●買い方、選び方

いろいろな花色があるので、開花時に花色を確かめて選びます。葉やバルブにシミや斑点などがついていないもの、バルブにシワなどがないものを選びます。

●失敗しない管理のコツ

開花株を求めたら、日のよく当たる室内の窓辺に置き、5～10度くらいに保つと花を長く観賞できます。花が終わって霜の心配がなくなったら、戸外に出し、春と秋は風通しのよい日なた、夏は涼しい半日陰に置きます。霜がおりる前に日当たりのよい室内に移します。鉢の中が乾いてから水をやるのが基本です。冬は1週間に1～2回が目安です。開花中は肥料は施しませんが、生育期の5～7月は月に2～3回薄めの液肥を施します。

●花が終わったら

咲き終えた花がらはこまめに摘みとります。鉢いっぱいに根が回ったら、4～5月に新しい植え込み材料で植えかえます。

ここがポイント

①暖房した部屋に置くと花が長もちしません。
②5～11月中旬までは戸外で管理します。
③ノビル系は、晩秋から初冬にかけて14度以下の低温に当てないと花芽ができません。

‘レインボーダンス’

ビデンス

冬に咲くコスモスに似た黄色い花

'ピンクハート'

フェルリフォリア

別名	科名	分類
ウィンターコスモス	キク科	耐寒性春まき1年草、常緑多年草

●栽培カレンダー

月	1	2	3	4	5	6	7	8	9	10	11	12
開花期	■									■	■	■
置き場所	霜よけ下	霜よけ下	霜よけ下	ひなた	ひなた	ひなた	ひなた	ひなた	ひなた	ひなた	ひなた / 霜よけ下	霜よけ下
植えつけ・植えかえ			植えかえ									
手入れ		タネまき		タネまき	タネまき / 挿し木	タネまき / 挿し木	挿し木					

多くは中南米に分布する草花です。夏咲き種と冬咲き種がありますが、主に栽培されるのは冬咲き種です。立ち性でコスモスに似た花を咲かせるので、ウィンターコスモスの別名でも知られています。黄色い花弁の先が白い'かぐや姫'や'琴姫'、クリーム色の花を咲かせるものなどの品種があります。

●買い方、選び方、楽しみ方

春と秋にポット苗が出回ります。徒長していない、節間が詰まってがっしりした株を選びましょう。下葉が落ちていたり黄色くなっているものは避けます。花の少ない晩秋の庭を明るく彩り、切り戻して丈低く花を咲かせれば、寄せ植えの材料にも最適です。

ビデンス

●失敗しない管理のコツ

日光を好むので、できるだけ日当たりのよい場所に置き、鉢土の表面が乾いたらたっぷり水を与えます。春から秋の間は定期的に薄めの液肥を施しますが、肥料を与えすぎると倒れやすくなるので、注意します。マイナス5度以上で冬越ししますが、根が凍ると枯れるので、軒下などの霜の当たらない場所に置いて防寒するとよいでしょう。

●花が終わったら

咲き終えた花がらはこまめに摘みとり、1年に1回、株元まで切り戻して春先に植えかえます。

●タネから育てる

タネは春から初夏に直まきします。

ハボタン

冬の寄せ植え素材として注目される

別名
ボタンナ

科名
アブラナ科

分類
夏まき一年草

●栽培カレンダー

月	1	2	3	4	5	6	7	8	9	10	11	12
開花期	■	■									■	■
置き場所	ひなた	ひなた								■	ひなた	■
植えつけ・植えかえ										鉢花を使った寄せ植えなど	■	
手入れ												

野菜のキャベツやブロッコリーの仲間です。江戸時代に食用として渡来したものが、冬期の観賞植物として栽培され始め、いろいろな品種が生まれました。低温に当たると、葉の中心部から徐々に紅や白に着色し、外側の緑色と美しいコントラストを見せてくれます。

●系統、品種のいろいろ

ヨーロッパ原産の一年草ですが、現在流通しているのは日本で改良された園芸品種です。地方色が反映した改良が行われ、葉の形によって東京丸葉（丸葉で縁にウエーブのない品種）、大阪丸葉（丸葉で縁にウエーブがある品種）、名古屋縮緬（葉にこまかい縮れが入る品種）、切れ葉（葉にさまざまな切れ込みが入る品種）、があります。

●買い方、選び方

葉色がはっきりと着色しているものを選びます。下葉が黄色くなったものや、虫食いの跡のあるものは避けます。

●楽しみ方

鉢植えや花壇植えにして、葉の形や色を観賞します。最近は長い茎のものが動きを表現するユニークな素材として、コンテナの寄せ植えに利用されています。

●失敗しない管理のコツ

植えつけ　11月に入ると美しく発色したポット苗や鉢植えが出回ります。これを購入して草花用培養土で寄せ植えなどにします。植えつけのときは根鉢をくずさないようにして植えます。

ハボタンの大鉢植え

ハボタンのハンギングバスケット

縮緬系ハボタン

‘雪華美’

ツリーハボタン

置き場所　霜や寒風に当たらない、ひなたに置きます。気温が高いところに置くと、葉緑素の分解が進まず、葉の色がきれいに出ません。よく日が当たる寒いところに置いて育てるようにします。

水やり　鉢土の表面が白く乾いたら、たっぷりと与えます。

肥料　10月以降に施すと、葉の色がくすんでしまうので与えません。

病害虫　アオムシ、アブラムシ、コナガの幼虫などがつきやすいので、殺虫剤を散布して駆除します。

タネから育てる　草丈の伸びる切り花用の品種をタネから育てるときは、7月中旬にタネをまきます。本葉2～3枚になったら10㎝間隔くらいに密植して定植します。草丈が20㎝以上になったら下半分の葉をかき落とし、茎が太くならないようにします。これをもう一度繰り返すと、茎の長いユニークな形になります。

ここがポイント

①根鉢をくずさないようにして植えつけます。

②10月以降に肥料を施すと、葉の色がくすんでしまうので与えません。

③キャベツと同じように、アオムシやアブラムシなど、害虫がつきやすいので、殺虫剤による早期駆除を心がけます。

ポインセチア

赤と緑のクリスマスカラーで部屋を彩る

別名
ショウジョウボク

科名
トウダイグサ科

分類
非耐寒性常緑低木

●栽培カレンダー

月	1	2	3	4	5	6	7	8	9	10	11	12
開花期	■	■									■	■
置き場所	室内の窓辺	室内の窓辺	室内の窓辺	室内の窓辺	ひなた	ひなた	ひなた	ひなた	ひなた	ひなた／室内の窓辺	室内の窓辺	室内の窓辺
植えつけ・植えかえ				■								
手入れ			剪定	剪定			剪定			短日処理		

赤い花のように見える部分が「苞《ほう》」と呼ばれるもので、花は中央にある黄色い粒状の部分です。鮮やかな赤色と下葉の緑のコントラストが美しいことから、クリスマスを彩る花木として親しまれています。

●系統、品種のいろいろ

主に流通している園芸品種に、ドイツのグートピア系やアメリカのエキスポイント系があります。基本種は赤ですが、枝変わりによるピンク、マーブル、白があり、霜降り状になる'ジングルベル'などもあります。

●買い方、選び方

茎が太く、苞の大きさがそろい、平均に着色したものを選びます。苞の中心にある花が2つ3つ咲いたものが購入適期の株です。

●楽しみ方

鉢植えにして観賞します。スタンダード仕立てなどにすることもできます。

●失敗しない管理のコツ

置き場所　日中は日が当たる窓辺に置き、できるだけ日に当てるようにします。冷たい風、または暖房機の温風が当たらないように注意します。夜間はなるべく暗くなる場所に置きます。下葉が黄色くなって落ちるのは温度不足です。

水やり　鉢土がかなり乾いてからたっぷり与えます。水ぎれするとしおれてしまうので注意します。水やりは暖かい日の午前中に行います。

●花が終わったら

置き場所　下葉が枯れて苞だけになったら、日当たりはそれほど必要でなくなるので、室内の暖かいところに移して管理します。生長期の5～10月ごろにかけては戸外に出して日光に当て、10月中旬以降に室内の日の当たる窓辺などにとり込みます。苞が赤く着色するには、毎日12時間以上真っ暗になる場所に置く必要があるので、10月以降は夕方の5時ごろから翌朝の8時ごろまで、段ボール箱をかぶせて光を遮断します。

水やり　下葉が枯れ落ちたら休眠し始めた証拠ですから、水やりはごく控えめにします。

ポインセチアの鉢植え

'コスモレッド'、'マースホワイト'

かごにいれたアイビーとポインセチアの寄せ鉢

'マーブルスター'

'ピータースターホワイト'

ただし、株が若くて小さいものはひどく乾燥させると枯れるので、週に1回くらい水やりを続けます。春になり新芽が伸びてきたら水やりを始めます。

肥料　4月下旬～9月くらいまでは、週1回の割合で液肥を施します。このほか、5月上旬、6月中旬、7月下旬の3回、有機質固形肥料か緩効性化成肥料を置き肥します。

植えかえ　春になり新芽が伸び始めたら、一回り大きな鉢に植えかえます。用土は赤玉土に腐葉土を3～4割混ぜてつくります。

ここがポイント

①日中は日によく当て、夜間は暗くて暖かいところに置きます。

②剪定は休眠させる前か、春の植えかえ前に行います

'ピンクペパーミント'

レウイシア

色彩豊かな高山性の植物

レウイシア

科名	分類
スベリヒユ科	耐寒性常緑多年草

●栽培カレンダー

月	1	2	3	4	5	6	7	8	9	10	11	12
開花期												
置き場所			ひなた			軒下など		半日陰			ひなた	
植えつけ・植えかえ				植えかえ								
手入れ						雨よけ						

本来は初夏咲きですが、花つき株が晩秋から店頭に並びます。ピンク、オレンジ、黄、紫、白と花色は豊富。いずれも淡い色で上品な花が咲く北アメリカ原産の高山植物です。乾いた冷涼な気候を好み、高温多湿を嫌いますが、性質をのみ込んで育てれば、それほど難しくはありません。

●買い方、選び方、楽しみ方

豊富な花色の開花した鉢花が11月ごろから出回るので、好きな花色を選びます。つぼみをたくさんつけたもので、ロゼット状の葉のつやがあり、色の濃いものを選びます。葉がしおれていたり、株がぐらつくものは避けます。小型の容器で栽培しますが、トラフガーデンなどに、ロックガーデン風に植え込むと一段と風情が出ます。

コチレドン

‘スーザン’

●失敗しない管理のコツ

日なたを好みますが、高温多湿を嫌うので、春から秋までは戸外の日の当たる場所におきます。鉢内が過湿になると根腐れを起こすので梅雨の時期は雨の当たらないベランダや軒下にとり込みます。花が終わった夏は風通しのよい涼しい半日陰におきます。水は11～6月までは表土が乾ききってから与え、7～8月はほとんど与えず、半ば休眠状態にしたほうが安全です。多肥を避け、4～9月の生育期に、薄めの液肥を月に1回施します。2年に1回、株分けして山野草用の砂礫質の用土で植えかえます。

家庭で楽しまれているその他の鉢花

スノードロップ

真冬に咲く雫のような可憐な花

科名 ヒガンバナ科　**分類** 秋植え球根
開花期 1～3月

マツユキソウの和名があり、雪解けのころ、純白の花を下向きに咲かせて春を告げます。6枚ある花弁のうち、花の外側の3枚の花弁は細長く、内側の3枚はその半分の長さで、先端に緑色の斑が入ります。花は日が当たると開き、夕方には閉じます。

●失敗しない管理のコツ　秋から春は戸外の日当たりのよい場所に置きますが、暑さにはやや弱いので、花が終わったら風通しのよい涼しい半日陰に移します。水は、鉢土の表面が乾いたらたっぷり与え、週に1回、薄めの液肥を施します。葉が枯れたら雨の当たらない場所に置き、完全に乾かさないように、休眠中も水を与えます。

スノードロップ

スズラン

香りがよいベル形の可憐な花

科名 スズラン科　**分類** 耐寒性多年草
開花期 4～6月

高原の草地に咲く日本原産のスズランと、ヨーロッパ原産のドイツスズランがあります。花屋さんの店頭に並ぶ鉢植えは、観賞価値の高いヨーロッパ原産のドイツスズランです。日本原産のスズランに比べて、全体に大柄で、花も大きく、香りも強く、花が葉の上に出て咲くのでよく目立ちます。

●失敗しない管理のコツ　春と秋は日当たりのよい場所に置き、夏は風通しのよい涼しい半日陰に置きます。鉢土の表面が乾いたら、たっぷり水を与え、春～初夏は月に3～4回、薄めの液肥を水やり代わりに施します。2年に1回、春または秋に株分けをして植えかえます。

スズラン

フクジュソウ

新春を彩る黄金色の花

科名 キンポウゲ科　**分類** 耐寒性多年草
開花期 3～4月中旬

雪の中から新春を待ちわびていたように黄金色の花を開き、正月用の寄せ植えの材料としても利用されています。基本の花色は黄色ですが、オレンジや白花、変わり花の段咲き系の園芸品種などもあります。花は日光が当たると一斉に開きます。

●失敗しない管理のコツ　日光不足では花が開かないため、何よりも日当たりのよい場所に置きます。乾燥を嫌うので、鉢土の表面が乾いたら、花にかけないように注意して株元にたっぷり水を与えます。花が終わると葉が伸びてくるので、地上部が枯れるまで、薄めの液肥を週1回施し、葉が枯れたら涼しい日陰に置きます。

フクジュソウ

ラケナリア

軒先での栽培に適した小球根

科名 ユリ科　**分類** 夏植え球根
開花期 1～4月

南アフリカに多くの原種が自生する小球根で、花色、葉の模様なども変化に富みます。やや寒さに弱いものの、東京周辺なら南側の軒下で容易に冬越しします。乾燥に強いので、一年中室内の窓辺で育てることもできます。

●失敗しない管理のコツ　開花中の株は、鉢土の表面が乾いてきたらたっぷりと水を与えます。肥料はほとんど必要ありません。6月に葉が枯れてきたら水やりをやめ、9月まで乾燥状態で夏越しさせます。涼しくなって発芽してきたら少しずつ水を与え始めます。分球して鉢内がいっぱいになったときは、9月中旬ごろに植え直します。室内で冬越しさせる場合、暖房の入った部屋は避けます。

ラケナリア

イースターカクタス

星形の花が株いっぱいに咲く

科名 サボテン科　**分類** 半耐寒性多肉植物
開花期 3～5月

ブラジルの岩場などに着生して育つサボテンの仲間です。春、キリストの復活祭のころに花を咲かせるので、この名前で呼ばれています。シャコバサボテン（p156）によく似ていますが、花の咲く時期が遅く、花が星型で花筒が伸びないなどの違いがあります。

●失敗しない管理のコツ　直射日光や高温多湿に弱いので、秋～春は室内の窓辺に置いて、レースのカーテン越しの光に当て、冬は水を控えて5度以上に保ちます。初夏～夏は雨が当たらない軒下などの涼しい半日陰に移します。水は鉢土の用土が乾いてから与え、過湿に注意します。花が終わったら植えかえて、夏までの間に4～5回液肥を施します。

イースターカクタス

洋種クモマグサ

山草を思わせる愛らしい花

科名 ユキノシタ科　**分類** 耐寒性常緑多年草　**開花期** 3～4月

クモマグサの名で出回ることが多いのですが、日本に自生する高山植物のクモマグサとは別種で、同じサキシフラガ属でもヨーロッパ産の原種からつくられた園芸品種です。よく分枝した茎が地を這うように伸びてこんもりとした草姿となり、春には次々と花茎を伸ばして、かわいい5弁の花を咲かせます。

●失敗しない管理のコツ　花が咲き終えたら株を分け、砂質の水はけのよい用土で植えかえます。一年を通じて戸外のひなたで育てますが、真夏だけは明るい半日陰で管理します。生育期は鉢土の表面が乾いてきたらたっぷり水を与えます。ただし過湿を嫌うので、秋から春の水やりは十分に乾いてから行います。

洋種クモマグサ

ボロニア

愛らしい小花と優美な枝葉が魅力

科名 ミカン科　**分類** 半耐寒性常緑低木　**開花期** 3～5月

オーストラリアを代表する花木で、日本でも30前後の種や品種が出回るようになりました。原産地が乾燥地帯なので、葉は蒸散を防ぐため細い針状となっているのが特徴。花形にはベル形と星形とがあります。また、メガスティグマ種の花には強い芳香があります。

●失敗しない管理のコツ　ひなたから明るい半日陰を好み、適度に湿りけのある水はけのよい土壌でよく育ちます。高温だと花もちが短くなるので、寒い時期に購入した開花株は暖房の効きすぎた部屋には置かないこと。根詰まりを起こさないよう、毎年花後に植えかえ、同時に整枝を兼ねて剪定します。冬は凍らない程度の防寒が必要です。

ボロニア

ロータス

花形のおもしろさで人気の的

科名 マメ科　**分類** 半耐寒性常緑多年草、低木　**開花期** 3～5月

おしゃれでエキゾチックな花容が注目を集め、近年よく出回るようになりました。この仲間には多くの種類がありますが、主に栽培されているのは、マクラッス種(黄花)とベルセロティー種(赤花)の2種です。どちらも灰緑色の葉をもつ這い性種で、春のハンギングバスケットやコンテナでの寄せ植えなどに適しています。

●失敗しない管理のコツ　日当たりと乾きぎみの土を好みます。過湿は嫌うので、雨の当たらないベランダなどで栽培しましょう。春と秋は風通しのよいひなたに置きますが、梅雨時の長雨は避け、夏は午後の強光線を避けます。凍らない程度の防寒で冬越しします。

ロータス

ワスレナグサ

黄色い目を持つ淡青色の可憐な花

科名 ムラサキ科
分類 秋まき一年草
開花期 3月中旬～5月

世界各地で詩歌や物語に登場するロマンチックな植物で、群れて咲く小さな花が魅力です。ヨーロッパでは多年草ですが、日本では夏越ししにくいことから一年草として扱われています。涼しげなコバルトブルーのほかに、ピンクや白花の園芸品種もあります。

●**失敗しない管理のコツ**　こぼれたタネからも育つほど丈夫で、栽培は容易です。秋にタネをじかまきして間引きしながら育てますが、春先に出回るポット苗を購入して、コンテナに植えつけると簡便です。寒さに強く、日光を好むので、日当たりのよい戸外で管理します。10日に1回、液肥を施しますが、与えすぎると花つきが悪くなるので注意します。

ワスレナグサ

ブルークローバー

涼しげな青い蝶形の花が魅力

科名 マメ科
分類 耐寒性多年草
開花期 3～6月、10～11月

地面を這って伸びる茎の各節から、クローバーに似た葉と花茎を出し、花茎の先に青い蝶形の花をつけます。花は早春から咲き出し、盛夏にいったん休みますが、涼しくなるころからまた咲きだします。クローバーそっくりの葉は、茶褐色の斑紋が入り、花をつけない時期も美しいです。

●**失敗しない管理のコツ**　寒さに強く、日光を好むので、日当たりのよい戸外で管理しますが、高温多湿を嫌うので夏は涼しい半日陰に移動します。水は鉢土の表面が乾いたら与えますが、やりすぎには注意します。元肥を施せば追肥は必要ありません。鉢いっぱいに株が育ったら、9月に植えかえます。

ブルークローバー

リムナンテス

目玉焼き草の愛称で親しまれている

科名 リムナンテス科
分類 秋まき一年草
開花期 4～7月上旬

羽状に切れ込んだ優しげな葉をつけた茎がよく分枝して、こんもりと茂ります。長い花柄の先につく花は、5枚の花弁の先端がへこみ、中心が黄色く、周囲が白色で、一見、目玉焼きのように見えます。華やかな花色のわりには派手過ぎず、野草のような素朴さも感じられます。

●**失敗しない管理のコツ**　リムナンテスはギリシャ語で「沼の花」の意味があり、湿気と日光を好むので、日当たりのよい場所に置き、乾き過ぎないように、鉢土の表面が乾き始めたらたっぷり水を与えます。花期が長いので、3～5月までは月に2～3回、薄めの液肥を施し、花がらはこまめに摘みとります。

リムナンテス

アンスリウム

ハート型の苞が美しい

科名 サトイモ科
分類 非耐寒性多年草
開花期 4月中旬～7月中旬

切り花でもお馴染みです。赤や白、ピンク、オレンジ、緑などに色づくロウ細工のようなハート形の花（仏炎苞《ぶつえんほう》）が美しい熱帯植物です。花に光沢があるアンドレアヌム種と光沢がないツェルツェリアナム種があります。

●**失敗しない管理のコツ**　強い直射日光に当たると葉焼けを起こして生育が衰えるので、4～10月は戸外の半日陰に置き、鉢土の表面が乾いてからたっぷり水を与え、ときどき霧吹きで葉水を与えます。冬は10度以上を保てる明るい室内で、水を控えて管理します。真夏を除き、開花中は月に1～2回、液肥を施します。花の色が変色したら、花茎の元から切りとります。

アンスリウム

ステイロディスカス

黄金色の花が株を覆って咲く

科名 キク科
分類 秋まき一年草
開花期 4～6月

草丈は30㎝前後です。羽状に切れ込む葉が見えなくなるほど、一重の黄色の花が株を覆って次々と咲きます。草姿が軟弱に見えますが、いたって丈夫です。ほかに、花も姿もユリオプスデージーによく似ているマーガレットコスモスがありますが、こちらは半耐寒性の低木です。

●**失敗しない管理のコツ**　購入した鉢花は、遅霜の心配がなくなってから日当りと風通しのよい戸外に置きます。水は、鉢土の表面が乾いたら、花にかからないように注意してたっぷり与えます。花がらをこまめに摘みとると6月くらいまで咲き続けます。元肥が入っていれば追肥は必要ありません。

ステイロディスカス

ストレプトカーパス

室内栽培に適した可憐な鉢花

科名 イワタバコ科
分類 非耐寒性常緑多年草
開花期 4～7月

セントポーリアと同じイワタバコ科の多年草で、比較的弱光線に耐えることから、数少ない室内鉢花として楽しまれています。葉の間から花茎を伸ばし、スミレを思わせる可憐な花をうつむくように咲かせます。条件さえ整えばほぼ一年中花をつけ、花色も豊富です。

●**失敗しない管理のコツ**　強い直射日光に当てると葉やけを起こすので、レースのカーテン越し程度のやわらかな光の下で管理します。ただし、光線不足だと花つきが悪くなるので、秋から春は午前中の日光には当てます。梅雨明け後9月末までは、風通しのよい戸外の日陰で夏越しさせます。冬は乾きぎみに管理すれば、0度近くの低温にも耐えます。

ストレプトカーパス

セアノサス

澄んだブルーの花が印象的

科名 クロウメモドキ科　**分類** 半耐寒性常緑低木　**開花期** 4～6月

北アメリカ原産の花木です。春から初夏にかけて、枝先に香りのよい小花を穂状につけます。その花の姿がライラックに似ることから、別名はカリフォルニアライラック。目が覚めるほど澄んだブルーの花が印象的で、近年、鉢花としても見かけるようになりました、光沢のある葉も美しく、開花期以外も観賞の対象となります。

●失敗しない管理のコツ　春から秋まではできるだけ日のよく当たる戸外に置きます。ただし、盛夏時だけは強い西日と雨を避けて、風通しのよい半日陰で管理しましょう。過湿は嫌うので、表土が十分乾いてから水やりをします。冬は室内の明るい場所に置きます。

セアノサス

ブルンフェルシア

ジャスミンに似た甘い香り

科名 ナス科　**分類** 半耐寒性常緑低木　**開花期** 4～6月

南アメリカ原産の花木です。咲き始めの花色は紫青色ですが、しだいに白く変わるので、1本の木に2色の花が咲いているように見えます。花にはジャスミンに似た甘い香りがあり、特に夜には強く香ることから、ニオイバンマツリの和名があります。

●失敗しない管理のコツ　11月から4月いっぱいは室内の窓辺で管理し、5月からは戸外に出しますが、真夏は強光線を避け、半日陰で管理します。9月までの生育期は、表土が乾いたらたっぷりと水やりしますが、冬の間は控えめとします。開花後に剪定をして腐植質に富んだ用土で植えかえます。肥料は植えかえ後に有機質の固形肥料を置き肥します。

ブルンフェルシア

ワックスフラワー

光沢のあるロウ質の花が魅力

科名 フトモモ科　**分類** 半耐寒性常緑低木　**開花期** 4～5月

オーストラリア原産の花木で、正式名はエリオステモン。緑色のやわらかな針葉と、ロウ質で光沢のある愛らしい花とのコンビネーションがみごとです。

●失敗しない管理のコツ　十分な日光と温暖な気候を好みます。暑さや寒さにも比較的強く、暖地であればベランダでの冬越しも可能です。ただし2～3月に出回る開花株は、温室内で促成栽培させたものなので、4月下旬まで室内の日のよく当たる場所で管理しましょう。花が咲き終えたら軽く剪定して姿を整えます。過湿を嫌うので、水やりは鉢土の表面がよく乾いてから行います。肥料は生育期にときどき液肥を施す程度で十分です。

ワックスフラワー

アルストロメリア

都会的でおしゃれな花姿

科名 アルストロメリア科　**分類** 秋植え球根　**開花期** 5～6月

自然開花は初夏ですが、鉢植えは2～5月に出回ります。当初は切り花用として普及しましたが、最近は鉢植え用の矮性種や暑さに耐える庭植え用の品種も登場しています。

●失敗しない管理のコツ　冬の間に出回る花つき株は凍らない程度に防寒する必要がありますが、低温のほうが花は長もちします。高温多湿に弱い性質があるので、庭植え用の品種を除き、鉢植えで楽しみましょう。開花中は明るい室内や軒下に置き、花後は戸外のひなたに移します。庭植えは水はけのよい肥沃な土を選ぶことが大切。花が咲き終えると間もなく葉が枯れます。休眠中は過湿は避けます。球根の植えつけ適期は10～11月です。

アルストロメリア

カンガルーポー

いっぷう変わったフォルムの鉢花

科名 ハエモドルム科　**分類** 半耐寒性常緑多年草　**開花期** 5～6月

オーストラリアの乾燥地帯を原産地とする多年草で、正式な名はアニゴザントス・フラビダス。乾いた質感が持ち味で、こまかい毛が密生する花筒の形がカンガルーの足を思わせるところから、この名があります。また、ドライフラワーとしても楽しまれています。

●失敗しない管理のコツ　春（4月下旬～5月）と秋（9月～10月）は、戸外のひなたに置きます。梅雨の時期は雨の当たらない軒下に移し、夏は風通しのよい半日陰で管理します。年間を通して乾きぎみに管理しましょう。寒さに弱いので、11月以降は室内にとり込みますが、暖地なら、乾きぎみに管理すればベランダでもどうにか冬越しさせられます。

カンガルーポー

パキスタキス

夏花壇の材料としても人気

科名 キツネノマゴ科　**分類** 非耐寒性常緑低木　**開花期** 5～10月

中央アメリカから南アメリカにかけて自生する熱帯性の低木で、鉢花としては特にルテア種が多く栽培されています。花穂は枝先につき、4列に並んだ黄色い苞《ほう》の間から白い花が突き出します。鉢植えのほか、夏花壇の材料としてもよく使われるようになりました。

●失敗しない管理のコツ　日光を好みますが、明るい半日陰でもけっこう開花し続けます。戸外の風通しのよいひなたか、明るい半日陰に置いて楽しみましょう。生育期間中は、月に2～3回、液肥を施します。適湿を好むので用土を乾かしすぎないよう注意します。11月に入ったら剪定をして室内の窓辺に移し、水やりを控えめにして冬越しさせます。

パキスタキス

ミヤコワスレ

育てやすく、庭植えにも好適

科名 キク科　**分類** 耐寒性多年草　**開花期** 5〜6月

ミヤマヨメナまたはノシュンギクから改良されたといわれる園芸植物で、古くから花壇や鉢花、切り花として親しまれてきました。濃紫の品種（'江戸紫'）のほか、ピンク（'浜乙女'）や淡紫色花（'朝霧'など）もあります。日本原産だけに丈夫で育てやすく、また、和風の庭にも洋風の庭にもマッチします。

●失敗しない管理のコツ　開花中から夏にかけては明るい半日陰か西日の当たらないところで育て、秋から春にかけてはひなたで管理します。乾燥が苦手なので、適湿地がよく、鉢植えの場合も腐葉土を多めに加えた水もちのよい用土で植えつけましょう。花後か秋に株分けをし、苗をふやすことができます。

ミヤコワスレ

ワイルドストロベリー

実も葉も利用できるハーブで有名

科名 バラ科　**分類** 耐寒性多年草　**開花期** 4〜6月、9〜10月

甘い香りの小型の実をつける野生のイチゴです。真夏と真冬を除いて、花を咲かせて次々と実をつけます。果実はジャムやケーキに利用され、乾燥した葉はハーブティーとして飲用します。ランナーを伸ばすタイプと、伸ばさないタイプがあり、リーフプランツとして楽しめる黄金葉の品種も出回ります。

●失敗しない管理のコツ　日当たりと風通しが悪いと灰色かび病が発生することがあるので、鉢植えは日当たりと風通しのよい場所に置き、水ぎれしないように注意し、鉢土の表面が乾き始めたらたっぷり水を与えます。やや暑さを嫌うので、夏は涼しい半日陰に移します。春〜秋までは月に2回液肥を施します。

ワイルドストロベリー

アラマンダ

鮮黄色の花を夏じゅう咲かせる

科名 キョウチクトウ科　**分類** 半耐寒性常緑低木　**開花期** 6〜10月

別名、アリアケカズラ。南アメリカ原産の花木で、鮮やかな黄色のラッパ状の花を枝先に次々と咲かせます。鉢植えとしては大輪系の品種より、ヒメアリアケカズラと呼ばれる小輪系の品種が扱いやすいようです。淡紫紅色の花を咲かせる品種もあります。

●失敗しない管理のコツ　高温と日光が大好きで、夏から秋まで盛んに生長し、開花し続けます。開花中は戸外の風通しのよいひなたで管理します。乾燥には比較的強いので、用土の表面が乾くのを待ってたっぷりと水を与えます。この間、月に1〜2回液肥を施しましょう。11月に入ったら室内の日当たりのよい暖かい場所に移し、冬越しさせます。

アラマンダ

キキョウ

端整な花姿が魅力

科名 キキョウ科　**分類** 耐寒性多年草

開花期 6～9月中旬

各地の日当たりのよい草原に自生しているほか、端整な花姿が好まれて庭植えもされてきました。よく分枝する茎の先に青紫色の花が横を向いて咲きます。ふくらんだつぼみの形が風船のようなので、バルーンフラワーの英名があります。白やピンクの花をつけるもの、二重咲きになるものもあります。

●失敗しない管理のコツ　風通しがよく日の当たる場所に置き、鉢土の表面が乾いたら、たっぷり水を与えます。夏に乾燥するような場所では、株元をピートモスやバークチップなどでマルチングするとよいでしょう。花がらは早めに摘みとり、一番花のあと摘芯すると二番花が楽しめます。

キキョウ

キャッツテール

ユーモラスな花穂が愛らしい

科名 トウダイグサ科　**分類** 非耐寒性常緑多年草

開花期 6～10月

アカリファ・レプタンスの園芸品種といわれています。四季咲き性があり、一年中店頭に並びますが、インド原産なので寒さは苦手です。夏の間は花壇植えでも楽しめますが、11月になったら室内にとり込み、冬の間は10度以上を保つ必要があります。

●失敗しない管理のコツ　4月になったら植えかえをします。水はけ、水もちのよい土を好みます。5月に入ったら、日当たりのよい戸外に出しますが、盛夏時は午後の強光線を避けること。10月末までは月に1回、緩効性化成肥料を置き肥するか、液肥を2週間に1回の割合で施します。なお、赤く色づいた花穂には、水をかけないようにしましょう。

キャッツテール

クレロデンドラム

夏じゅう花が咲くつる性花木

科名 クマツヅラ科　**分類** 非耐寒性常緑つる性木本

開花期 6～9月

クサギやヒギリの仲間ですが、鉢花として最も出回っているのは、ゲンペイカズラまたはゲンペイクサギの名で知られているトムソニアエ種です。熱帯アフリカ原産のつる性植物で、白くて大きな萼《がく》と深紅色の花弁とのコントラストが美しく、真夏のベランダや窓辺に、見るからに涼しげな印象を与えてくれます。

●失敗しない管理のコツ　日光と高温を好みます。4～10月は戸外のひなたに置き、11月に入ったら室内の日当たりのよい場所に移して冬越しさせましょう。冬はやや水やりを控え、乾かしぎみに管理します。生育期間中は月に2～3回液肥を施します。

クレロデンドラム

グロリオサ

エキゾチックな花容が魅力

科名 ユリ科　**分類** 春植え球根　**開花期** 6〜7月

アフリカと熱帯アジアに分布する球根植物で、特異な花形の大輪花をつけます。朱赤色の鮮やかな花色は人目をひき、切り花としても大の人気。葉の先端がつる状に伸びてほかのものに絡みつく習性を利用し、あんどんづくりに仕立てた鉢花が市販されています。

●失敗しない管理のコツ　日光を好み、また高温多湿の環境を好みます。購入したら戸外のできるだけ日のよく当たる場所で管理しましょう。乾燥には弱いので、鉢土の表面が乾いたらたっぷりと水を与えます。肥料食いなので、開花中も週1回液肥を与えてください。10月末ごろ茎が枯れたら球根を掘り上げ、ピートモスなどに包んで春まで保存します。

グロリオサ

ゴデチア

紙細工のようなあでやかさ

科名 アカバナ科　**分類** 秋まき一年草　**開花期** 6〜7月

夏の初めごろ、30〜50㎝に伸びた花茎の先端に、薄紙でつくったような繊細な花を咲かせます。花色は赤、桃、紫、白と豊富。八重咲きの品種もあります。北アメリカ原産ですが、日本に自生するマツヨイグサに似るため、イロマツヨイグサの和名があります。

●失敗しない管理のコツ　移植は嫌うので、開花株は鉢ごとプランターなどにおさめて楽しみます。乾燥した海岸地帯の植物なので、花に水がかかると傷みがちです。ちょうど開花期が梅雨時に重なりますから、雨の当たらないベランダなどで育てるのがよいでしょう。過湿は根腐れのもとになるので、水やりは鉢土の表面が白っぽく乾いてから与えます。

ゴデチア

クロサンドラ

弱光線下でも楽しめる

科名 キツネノマゴ科　**分類** 非耐寒性常緑多年草　**開花期** 7〜10月

アジア、アフリカの熱帯地域を原産地とする多年草で、枝先にオレンジや黄色の愛らしい花を次々と咲かせます。もともと樹陰に生える植物なので、比較的、弱光線下でも生育しますから、夏の室内に、観葉植物などと組み合わせて飾るのにも適しています。

●失敗しない管理のコツ　強い直射日光を苦手とするので、真夏の直射日光は避け、風通しのよい明るい木陰や、レースのカーテン越しの光が当たるような室内の窓辺で楽しみます。生育期は十分水を与えます。11月からは休眠期に入るので、室内のできるだけ日のよく当たる場所に置きます。なお、冬越しには最低8度以上を保つ必要があります。

クロサンドラ

ストレリチア

極楽鳥花の別名で知られる

科名 バショウ科
分類 非耐寒性常緑多年草
開花期 6～9月

南アフリカを原産地とする大型の多年草で、まるで熱帯産の鳥の顔を思わせるエキゾチックな花を咲かせます。以前から正月用の生け花花材料とされていましたが、近年は大型の鉢花としても出回るようになりました。条件さえよければ周年花が上がりますが、無加温で育てた場合、多くは夏に開花します。

●失敗しない管理のコツ　日光と高温多湿を好みますから、5月から10月までは戸外のひなたで育てます。過湿は嫌いますが、生長期は用土の表面がよく乾いたらたっぷりと水を与えてください。この間は、月に1回、油かすの置き肥を施します。11月には日のよく当たる室内にとり込み、5度以上を保ちます。

ストレリチア

サンビタリア

夏から秋まで次々と咲き続ける

科名 キク科
分類 春まき一年草
開花期 7～11月

メキシコ原産の一年草で、草丈20～30cmと低く、こんもりと茂って径3～4cmの花を次々と咲かせます。花は黄色ですが、中心の黒い管状花が目のように見えることから、ジャノメギクとも呼ばれます。大型のコンテナや花壇に群植すると見ごたえがあります。

●失敗しない管理のコツ　5月ごろにポット植えの苗が売り出されますから、これを求めてコンテナや花壇に植えつけます。日当たりと水はけさえよければ土質は選びません。ほとんど手をかけなくても、よく分枝してこんもりとした株姿に整います。花壇では肥料の必要もないほどですが、コンテナ植えの場合は、ときおり液肥を施しましょう。

サンビタリア

ツンベルギア

秋まで咲き続ける、つる性植物

科名 キツネノマゴ科
分類 半耐寒性つる性常緑低木
開花期 7～9月

アフリカやアジアの熱帯地域に広く分布し、多くの種類がありますが、鉢花としてよく利用されるのはアラータ（和名ヤハズカズラ）というやや小型の種類です。

●失敗しない管理のコツ　高温と日光を好み、光線不足になると花が咲かなくなります。夏の間は風通しのよい戸外のひなたで管理します。真夏は盛んに生長するので水ぎれを起こさせないよう注意し、また、月に2～3回、液肥を施すようにします。夏に花が少なくなったら、伸びすぎたつるを切り戻すと、わき芽が伸びて再び開花し始めます。晩秋には根元近くまで切り戻し、暖かい室内に移し、用土を乾かしぎみに保って冬越しさせます。

ツンベルギア

ホオズキ

赤い実が郷愁を誘う夏の風物詩

科名 ナス科　**分類** 耐寒性多年草

開花期 5月中旬～6月中旬

梅雨のころに、葉腋に白いカップ形の花が下を向いてひっそり咲きます。花が終わると萼《がく》が大きくなって実を包み橙色に色づきます。江戸時代から「ほおずき市」で親しまれてきました。当時は薬用として利用されるものでしたが、現在では、赤い実をつけた鉢ものが出回り、夏の風物詩となっています。

●失敗しない管理のコツ　日光を好むので、1年を通して風通しのよい日なたに置き、鉢土の表土が乾きはじめたらたっぷりと水を与えます。特に夏場は水ぎれさせないように注意します。3～5月は週に1回、液肥を施します。根が回るのが早いので、毎年3月に株分けして、植えかえます。

ホオズキ

シュウメイギク

風情のある清楚な秋の名花

科名 キンポウゲ科　**分類** 耐寒性多年草

開花期 9月中旬～11月上旬

アネモネの仲間で、英名はジャパニーズアネモネといいます。古くに中国から渡来し、かつて、京都の貴船山に群生していたことからキブネギクの別名があります。花びらに見えるのは萼《がく》で、花びらは退化しています。半八重咲きのほか、一重咲きもあり、いずれも清楚な美しい花です。

●失敗しない管理のコツ　日なたから半日陰でよく育ちます。夏は西日が当たらない風通しのよい場所に置きます。鉢土の表面が乾いたらたっぷり水を与えます。花が咲き終わったら、化成肥料や固形の油かすをお礼肥として施します。植えかえは3月で、このとき株分けをしてふやせます。

シュウメイギク

フユサンゴ

変化する美しい実の色を楽しむ

科名 ナス科　**分類** 半耐寒性常緑低木または春まき一年草

開花期 10～1月

白い小さな花は目立ちません。花を観賞するのではなく、秋から冬にかけて美しく色づいた実を観賞する鉢植えです。実ははじめ白や緑色で、熟すにしたがって、だんだんと黄やオレンジ、赤へと変化し、冬中美しい色が楽しめます。

●失敗しない管理のコツ　日光を好み、日が十分に当たらないと実つきが悪くなります。秋までは戸外の日当たりのよい場所に置きます。寒さは苦手なので、霜がおりる前に室内にとり込み、日の当たる窓辺に置きます。過湿を嫌うので、水は鉢土の表面が乾いてから与え、実がついている間は、肥料は施しません。春に植えかえます。

フユサンゴ

はじめての
鉢花園芸
基礎知識

鉢花を買うときの注意点

植えつけ、植えかえ

鉢花の置き場所

じょうずな水の与え方

効果的な肥料の与え方

摘芯、花がら摘み、切り戻し

病害虫の防除

鉢花を買うときの注意点

こんな鉢花には注意しよう

促成栽培の苗や店先で寒風に長く当たった鉢花は避ける。

鉢花は、花の咲いている、あるいはつぼみがほころびかけているものを買えば、そのときから観賞できるのですから、苗から育てる園芸とくらべると、だれでも手軽に楽しむことができます。

しかし、せっかく購入するのでしたら、できるだけ長く楽しめるよい株を入手したいものです。ガーデンセンターや園芸店で、鉢花を選ぶときは、次のような点に注意しましょう。

購入時期を誤らないこと

鉢花の多くは、その花が自然に咲く時期よりもだいぶ早い時期に店頭に姿をあらわします。季節を先取りして早ければ早いほど、市場での人気も高く、高価に取り引きされるため、生産者はできるだけ早く花を咲かせて出荷しようと努力をするからです。しかし、待ってましたとばかり、あまりに早い季節に求めるのは考えものです。

早く咲かせる方法にはいろいろあります。まず、花芽を早くつけさせるために、日長時間を調節したり、秋も早い時期から冷室にとり込むなどの方法をとり、植物に秋を感じさせます。こうして花芽のできた株は、今度は冬のうちから温室に入れ、加温をして開花させます。これを促成栽培といいます。

こうした促成株は、むりやり温度をかけて咲かせるため、自然に咲いた旬の鉢花にくらべると、どうしても葉や茎は軟弱に育っています。このことを理解したうえで、注意して扱えばよいのですが、知らずに購入して、自然に咲かせた株と同じような場所に置いたりすると、寒さで傷めてしまったりしがちです。

逆に、秋も早いうちに出回るパンジーなどにも要注意です。これらは夏冷涼な地域で早まきして育てた株なので、まだまだ気温の高い平地に送られてくると、株は疲れきってしまい、とても翌春まではもちません。

もうひとつは、市場から運んできて間もないできるだけ新鮮な株を購入することです。店頭に、1週間以上も長く並んでいる鉢花は、環境の変化によって株が弱っていることが多いので避けましょう。園芸店では、乾いてきたら水をやる程度で、置き場所の環境などにあまり注意を払っていないことが多いからです。

たとえば、12月になると、どの園芸店の店先にもポインセチアやシクラメンが並びます。中には店の外に並べている場合もありますか、こうしたものはなるべく避けたほうが賢明です。寒風にさらされたポインセチアなとは、もとも

鉢花を選ぶときのチェックポイント

一年草はつぼみの多いものを選ぶ。
根元が
ぐらつかない
ものを選ぶ。
花数が少なかったり、
節間が詰まっていない
ものは避ける。

と熱帯性の植物ですから、ほとんど風邪を引いた状態のはずです。シクラメンにしても、20度ほどを保った温室から運ばれてきた促成株なので、師走近くの外気に何日もさらされたのでは、健康でいられるわけがありません。

よい株、悪い株の見分け方

近年は株の生産技術が向上し、あまりひどい株が出回ることはめったになくなりました。それでも、店頭に並んでいたときの見た目はよいものの、購入してからさっぱりよくならない株もあります。

よい株であるかどうかを見きわめるには、まず、株元がぐらぐらしていないかどうかを確かめます。生産されていたときは理想的な環境で育っていたはずですから、多少根元がぐらついていても支障なく育ってきましたが、こうした株は、家に持ち帰ってから急に生育が悪くなります。鉢底を見て、新しい根が底穴から出かかっているくらい根のしっかりした株を選びましょう。

そのほか一般的にいえることは、

●一年草の鉢花は、花よりもつぼみが多いものを購入したほうが得。特にシネラリアなどは全部のつぼみがいっせいに咲いてしまうと、それでおしまいですから、一部のつぼみが開きかけたくらいが買いどきです。

●葉が間伸びして大きいものや、節間が詰まっていない株（徒長した株）は避けます。

●葉色が特に濃いものは日照不足、または窒素過多を疑う必要があります。どちらの場合も、購入してからの花の上がりはよくありません。

●同じ種類なら枝数が多いものを選びます。よく分枝しているということは根の張りもよい証拠で、また、枝数が多ければ、それだけたくさん花が咲くと見てよいからです。

●ポインセチアなどは、色のついた上部ばかりを見ず、下葉がしっかりついているものを選びます。

●葉裏などもよく観察し、害虫や病気の症状があらわれていないものを選びます。

得する買い方、損する買い方

園芸店では、長く店頭に並んで傷みが見えてきた株や売れ残り品を、廉価コーナーに並べて処分することがあります。

安いからといって、すぐに飛びついてはいけません。たとえば、3月も末になってくたびれかけたパンジーやクリサンセマムの株を買っても、楽しめる期間は、残りわずかです。秋口に売られているペチュニアの残り株なども同様です。一年草の残りものは、安いからといって得とはいえません。

ただし、多年草や花木は別です。花が終わったシンビジウム、クレマチスの大鉢、アガパンサス、ウメ、ボケ、ツバキの鉢物などは、驚くほどの安価で手に入りますし、うまく育てて来年花を咲かせようと考えるならば、これほど得な買い方はありません、園芸歴2～3年以上の方にはおすすめです。

植えつけ、植えかえ

団粒構造と単粒構造

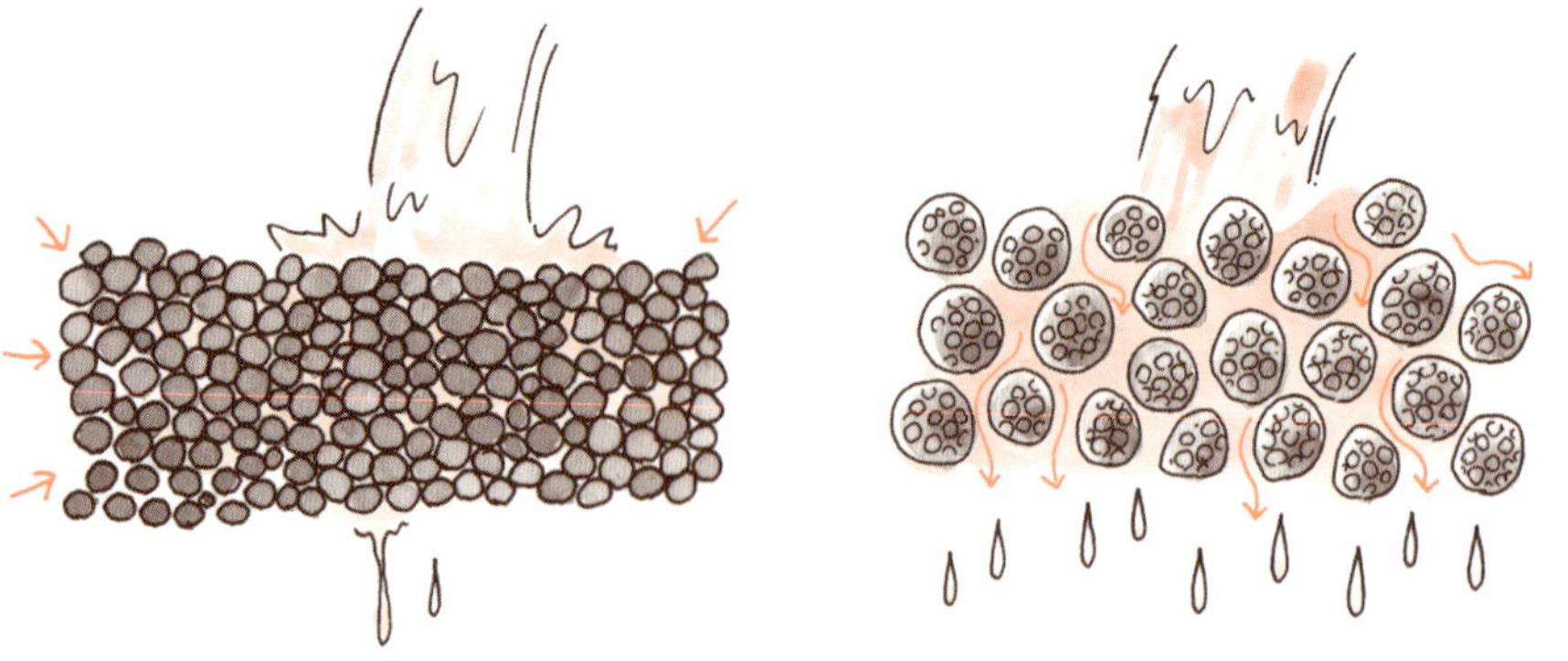

単粒構造（通気性、排水性ともに悪い）　**団粒構造**（通気性、排水性に富む）

鉢植えの開花株を購入した場合は、そのままの状態で花を楽しむことができます。しかし、まだ生長段階のポット植えの苗を購入した場合は、そのままにはできません。

求めたポット苗は、すぐに植えかえる

ポットに植えられている花苗は、すぐに観賞するための苗ではありません、育苗が終わりに近づき、ようやく定植を行える状態に育った段階です。多くはすでにつぼみや花をつけているはずですが、花が上がってきたということはポットの中で十分に根を張らせたという証拠です。

こうした苗を購入して、そのままの状態で管理していると、すぐに根詰まり状態となり、急速に勢いが悪くなります。鉢植えの開花株でしたら、用土の中に元肥も入れてありますから、すぐに肥料不足となることもありませんが、ポット苗はあくまで育苗中のものなので、肥料分もすぐに足りなくなります。

ですから、定植の時期を失してはいけません。購入したらできるだけ早く、観賞するための鉢やコンテナなどに植えつけてください。

どんな用土で植えればよいの？

鉢花は、植木鉢やプランターなど、容量の限られた器の中で育てるのですから、適切な用土で植えないと根が伸びられず、健全な生育は望めません。どんな用土がよいかは植物の種類によっても異なりますが、一般には次のような条件を満たしている必要があります。

●排水性がよいこと。水やりをしたとき、すぐにスーッと水が引いて、鉢底の穴から流れ出るようであれば合格です。

●同時に水もちもよいこと。余分な水はすぐに排出しても、必要な分量の水分は土自体が保持してくれることが大切です。

●ふかふかした土で通気性がよいこと。植物の根は呼吸をしています。新しい空気（酸素）が供給されないようだと窒息状態となり、根腐れを起こしてしまいます。この条件を満たしてくれるのが、いわゆる団粒構造の用土です。

●強い酸性やアルカリ性に偏らない土であること。多くの植物が弱酸性から中性の土（pH６～7）で健全に生育します。だれでも簡単にpHを測ることができる酸度計が市販されていますから、備えておくとよいでしょう。

市販の基本用土（赤玉土、黒土、山砂、腐葉土、ピートモスなど）を準備し、こうした条件に合う用土を、自分でブレンドしてつくることができれば理想的ですが、手間がかかってたいへ

んです。現在では「培養土」と称したブレンドずみの配合土がいろいろ市販されていますから、栽培する植物に適したものを求めて利用するのが簡便でしょう。

鉢への植えつけ

●どんな鉢を選ぶか

鉢に植えて鑑賞する場合、まず適切な鉢を選ぶことから考えてください。鉢の材質はプラスチックからテラコッタと呼ばれる無釉薬の土鉢、これよりも高温で焼いた同じく無釉薬の焼き締め鉢、釉薬鉢(化粧鉢)、などさまざまです。値段との兼ね合いもありますが、好きなものを選んでよいでしょう。

鉢の形態

問題は鉢の形と大きさです。鉢の形を大別すると平鉢、中深鉢、深鉢に分けられます。どれを選ぶかは、植えつけたあとの見た目のバランスにもよりますが、もうひとつは植えつける植物の根が、どのように生長する性質であるかによります。クレマチスのように長い根を深く伸ばす性質の植物であれば、平鉢では無理です。また、球根を深く植える必要があるユリの仲間なども深鉢でなければうまく育ちません。逆にツツジの仲間やシャクナゲなどは浅根性なので、あまり深い鉢である必要はありません。

鉢の大きさは、ポットから抜いてみたときの根鉢より、一回りか二回り大きい鉢が適当です。根の量が少ないのに、はじめからあまり大きな鉢に植えつけると、用土が常に過湿状態となりがちなので、うまく育ちません。

●植えつけ作業のポイント

まず、鉢底の底穴の上に鉢底ネットを敷きます。これは、用土がこぼれ出るのを防ぐためのものですが、鉢底からの害虫の侵入を防ぐ効果もあります。

4号(径12cm)以下の小さな鉢に植える場合は、水はけが悪くなることは考えられませんから、ゴロ土は不要です。それより用土の量が少しでも多いほうが、植物にとって好都合だからです。

しかし、5号以上の深めの鉢に植える場合は、水はけをよくする意味で、鉢底に一～二並びゴロ土を敷いたほうがよいでしょう。

この上に用意した用土を鉢底から1/4～1/3まで入れ、できるだけ中央に、ポットから抜いた苗の根鉢を据えます。このとき、根鉢を観察し、それほど根が回っていなければそのままくずさずに植えますが、根鉢の底部や周囲にぎっしり根が回っている状態であれば、根鉢の周囲を少しくずしてから植えてください。

根鉢を据えたら深植えにならないよう、下に入れる用土の量を調整しましょう。周囲から用土を加えて植えつけますが、植え終わったとき、根ぎわの位置がポットに植わっていたときと同じ高さとなるようにします。

用土は鉢の深さの八分目程度でおさまるようにし、上部に水やりをしたとき水がたまるためのウォータースペースを十分とるようにします。

なお、植えつけるときの用土には、元肥として緩効性化成肥料のマグァンプKなどを適量混ぜておくのもよい方法です(ただし、ツツジ、サツキ類はアルカリ性肥料を好まないので用いないほうがよいようです)。

植え終わったら、ジョウロでたっぷりと水を与え、強い風の当たらない半日陰に置き、数日たって根が落ち着いてきたら、少しずつ日光に慣らしていきます。

寄せ植えの仕方

大型のコンテナを用いて、多種類の植物を寄せ植えにする「コンテナガーデン」と呼ばれる楽しみ方が盛んに行われるようになりました。まず、寄せ植えのつくり方から、ポイントとなる点をあげてみましょう。

●どこに飾るかを決めて、コンテナを選ぶ

玄関前に飾る寄せ植えであれば、アプローチを歩く人の目線を考慮し、丈の高いコンテナを用いますし、ベランダに飾る寄せ植えであれば、室内の椅子に座った状態で眺める目線に合わせ、もう少し低いコンテナを用いたほうが効果的です。どこに飾り、どんな目線で観賞するかをはっきりと決めてから、コンテナを選ぶようにしましょう。

●観賞期間の長短を意識する

1カ月ほど美しい姿を楽しめればそれでよいのか、半年ほど観賞したいか、あるいは1年以上、長く楽しむ目的でつくるか、あらかじめ観賞期間の長短を決めてから植え込む材料を選ぶことが大切です。

次々と季節の花を植え直して楽しみたい場合

寄せ植えのつくり方

材料／深鉢、培養土、鉢底ネット、鉢底石
花材／レーマニア、ミニダリア、ギボウシ、アゲラタム

1 鉢底ネットを敷き、鉢底石を約 3cm ほど入れてから用土を入れる。

2 レーマニアを置き、ウォータースペース分をとって鉢縁より下げて植える。

3 ギボウシのポットをはずして、根鉢をとり出す。

4 根鉢の根が回り過ぎているものは、ハサミで切り、根をほぐしてから植える。

5 レーマニアの根鉢の高さに合わせて植え、用土を入れる。

6 割りばしで根鉢の間をつついて、隙間のないようにしっかり用土を入れることが大事。

7 全体の株元にたっぷりと水やりをして、鉢底から水が流れ出るまで、十分に与える。

は、一年草を主体に構成しますし、一季だけ、例えば春を豪華に彩りたければ、秋の間にチューリップやムスカリといった春咲きの球根を植え込んでおくのもよい方法です。また、長年もち続けたいときは、花木やコニファー類、観葉植物などを主役に、何種類かの多年草を添えて構成します。

●植栽計画を立てる

準備したコンテナの絵を描き、そこにどんな植物を配したらよいか、おおざっぱでけっこうですからでき上がりを想像した絵を描いてみます。植物の種類までは特定できなくても、自分なりの配色計画も考えておきましょう。

●用土の下に、必ずゴロ土を入れる

用意したコンテナに、必ずゴロ土を敷き並べてから用土を七分目ほど入れておきます。丈の高いコンテナを使う場合は、ゴロ土の量をふやし中に入る用土の量を少なくしないと、過湿になりやすいので注意してください。大型コンテナでは、ゴロ土は用土の増量材というわけです。

ゴロ土のかわりに発泡スチロール片を代用すると、でき上がったときのコンテナの重量を少しでも軽くすることができます。この場合、発泡スチロール片が用土に混じってしまうと、あとで分離しにくいので、ネットなどに包んでから入れておくことをおすすめします。

●ポット植えのまま容器内に並べてみる

はじめての方は、植え位置を決めるのもなかなかたいへんなはずです。ポットから苗を抜いて手間どっていると、肝心の根を乾かして傷めてしまいます。そこで、まずは容器の中に七分目ほど用土を入れ、その上にポットに植えたままの状態で、植え込み材料を並べて、構成を考えるようにしましょう。

でき上がりを観賞する方向から見て、後方には最も背の高い主役となる植物を配します。次はその周囲に、彩りのバランスを考慮しながら、後ろから前へと少しずつ草丈の低い植物を配していくのが基本です。

最後にコンテナの縁近くに、外に向かって垂れ下がるような匍匐性またはつる性の植物を配します。こうして納得のいく構成が決まったら、並べた順にポットから抜きとり、用土を加えながら実際に植え込んでいきます。

ハンギングバスケットへの植えつけ方

ハンギングバスケットには、チェーンなどに吊り下げて周囲から観賞するタイプと、壁掛け式のウォールバスケットとがありますが、一般家庭では後者のほうが飾りやすく、利用しやすいでしょう。

●カセット式の容器を使う植え方

ハンギングバスケットには、水もちがよくて重量の軽いピートモス主体の培養土を用います。

はじめての方は、プラスチック製のカセット式容器を用いるのが簡便でしょう。これは、上部の枠をはずすことができ、スリットを前後に開くことができるので、ポットから抜いた根鉢を、簡単におさめることができます。

まず、底部に根腐れ防止用の珪酸塩白土かゼオライトを敷き、その上にスリットの下まで培養土を入れます。

各スリットから側面の下段に苗を入れて、根鉢が隠れるくらい用土を入れ、さらに上段に苗をおさめます。側面を植え終わったら上枠をはめて、次は上面に苗を植えつけます。植え終わったら乾燥を防ぐために、上面の土の上には水ごけを敷き、たっぷりと水を与えます。

鉢花の植えかえ

短期間ならよいのですが、長期間生長し続ける植物の場合は、やがて鉢いっぱいに根が育ちますから、植えかえが必要となります。

一年草でも、5月ごろに小ぶりの鉢に植えつけたペチュニアなどは、夏を迎えるころになると根が回りきって生育が緩慢になります。そこで、一回り大きな鉢に植え直して、生育を助ければ、秋口からまた旺盛に生長し、たくさん花を咲かせてくれます。

夏じゅう育ち続けるハイビスカスなども、根が回ってきたら早めに植えかえてやりましょう。植えかえるときはどうしても根を切ることになります。そこで、吸水と蒸散のバランスをとるために、根を切った程度に合わせて地上部も剪定をしておきます。

晩秋になると地上部が枯れる多年草や落葉性の花木などは、葉が枯れた直後か、春、新芽が動きだす前が植えかえの適期です。このとき、株が大きくなりすぎた多年草などは、あわせて株分けを行うことができます。

鉢花の置き場所

植物は環境が大切です。鉢花も置き場所が適切であるかどうかで、その後の生育や花のつきぐあいに大きな差が生じてしまいます。

鉢花の育つ環境

●日照

多くの花もの（草花、花木）が日光を好みます。中にはセントポーリアやストレプトカーパス、クンシランなど、直射日光を嫌う種類もありますが、それらは例外です。

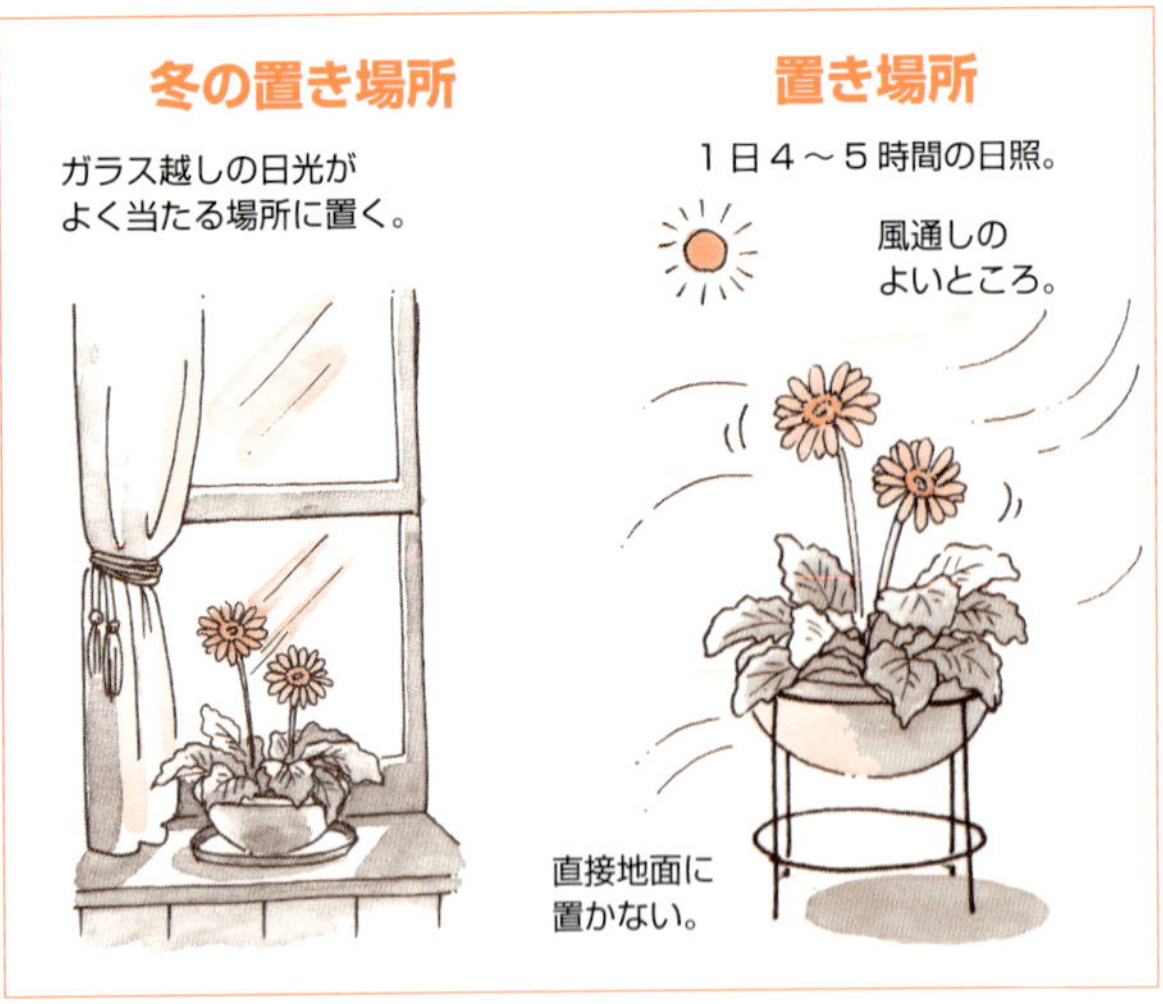
置き場所
1日４～５時間の日照。
風通しの
よいところ。
直接地面に
置かない。
冬の置き場所
ガラス越しの日光が
よく当たる場所に置く。

ただし、日光を好む種類であっても、一日じゅう直射日光が当たる必要はありません。せいぜい4～5時間の日照があれば、たいていの種類が支障なく生育し、花も咲きます。

また、日光を好む植物であっても、真夏の強光線はさすがに強すぎますから、梅雨明けから9月下旬までは、午後の強い日ざしを避けられるような場所で管理しましょう。

とはいえ、午前中はまったく直射日光が当たらないような場所では、西日といわれる午後の日ざしでもかまいませんから2～3時間は当ててやる必要があります。一日じゅう夏の強い日が当たると弱ってしまうのであって、午前中、日が当たらない場合は、短時間、西日に当ててもまったく問題ないのです。この点を間違えないようにしてください。

冬の間、室内で管理する場合の日照はどうでしょうか。できるだけ日照を必要とする種類は、ガラス越しの日光がよく当たるような窓辺に置きます。しかし、直射日光を必要としないシャコバサボテン、コチョウランなどは、レースのカーテン越し程度のやわらかな日光に当てるようにします。

●原産地の気候に合わせ、適温、適湿を保つ

植物は原産地によって生育に必要な気温や湿度がそれぞれ異なります。熱帯花木や熱帯原産の観葉植物などは、日本の冬の戸外の低温には耐えきれませんし、逆に夏季冷涼なヨーロッパ生まれの草花類の多くは、蒸し暑い日本の夏を大の苦手とします。購入した鉢花が、いったいどんな地域を原産地とする植物なのかを知り、できるだけ現地の気候に近い環境下で管理することが大切です。

●風通しがよいこと

ほとんどの鉢花が風通しのよい環境を好みます。通風不良の場合は、病気や害虫も発生しやすくなります。ただし、風通しがよいといっても、高層マンションのベランダのように強風がたえず吹き抜けるような場所は適しません。株がもまれて傷んでしまいます。こうした場所では、逆に不織布などを張ったりして、風よけを施す必要があります。

●置き場所は、まめにはかえないこと

植物は、環境に対する順応性はある程度備えていても、環境が急に変わることを嫌います。そこで、購入したばかりのときは、ぽろぽろとつぼみを落とすことがよくあります。しかし、日当たりや温度に問題がなければ、しばらく同じ場所で管理していると、やがてその環境に順

季節別・一般的な鉢花の置き場所

春：曇りぎみの日に戸外へ出す。

梅雨時：軒下など雨の当たらない場所に置く。

秋：よく日に当てる。

冬：室内にとり込む。

応して、問題なく咲き続けるようになります。
あまりこまめに置き場所をかえないことです。

季節別・鉢花の置き場所

●春の置き場所

春は多くの鉢花にとって、最も生育に適した季節です。セントポーリアやクンシランなど、直射日光を嫌うもの以外は、5月になったら戸外の日当たりのよい場所に置きます。ただし、冬の間、室内に置いた鉢花を、急にひなたに出すと株を弱らせますから、最初は曇りぎみの日に出し、少しずつ直射日光に慣らすようにします。

●梅雨時の置き場所

鉢花は梅雨の長雨に当てると、鉢土が過湿状態となるため、根腐れを起こしたりしがちです。適切な水管理を行うためには、梅雨の時期になったら軒下など、雨の当たらないところに移しましょう。

この時期は日照量が不足するため、茎や葉が軟弱に徒長するばかりか、多湿のため病虫害も多発しがちです。鉢と鉢との間隔をあけ、通風をよくするよう努めるほか、草木灰などのカリ肥料を施すなどして、植物体を健康に保つようにします。

●夏の置き場所

高温多湿の日本の夏は、多くの鉢花にとって過ごしにくい季節です。鉢植えという栽培環境は、特に根が熱せられやすいので、熱帯原産の植物でさえ暑さで弱ってしまいます。

できるだけ木陰など、風通しがよくて涼しい場所に置くようにします。

ベランダに置く場合は、コンクリートの照り返しが強いので、鉢を直接床面に置かず、必ず棚などを使い、床面から離して置くようにしましょう。

また、鉢の周囲に夕方、散水をしておくと、水分が蒸散する際に周囲から気化熱を奪いますから、夜間の温度を少しでも下げる効果があります。

●秋の置き場所

9月下旬になると、朝夕の温度も大分下がり、植物にとっても過ごしやすい季節になります。夏の間、生長が止まっていた植物も、再び活動し始めます。夏の間、半日陰に置いた鉢花も、日当たりのよい場所に戻します。

秋が深まるにつれ、徐々に気温が低くなります。寒さに弱い熱帯原産の植物は霜がおりる前に室内にとり込む必要がありますが、デンドロビウムのように、ある程度寒さに当てないと花芽ができない植物もあります。植物の性質に合わせて、とり入れる時期を考えるようにします。

●冬の置き場所

凍らない程度の低温には耐える半耐寒性の植物は、東京近辺であれば建物の南側の軒下などでも冬が過ごせます。これより寒さに弱い非耐寒性の植物は、室内にとり込み、最低温度を5～10度以上に保つようにします。

暖房中の室内は空気が乾燥するので、加湿器を用いるか、こまめに霧水を吹きかけるようにします。

はじめての
鉢花園芸
基礎知識

じょうずな水の与え方

のべつまくなしに水を与えてはダメ

鉢花の場合、毎日の管理で最も大切なのが水やりです。じょうずに育てるには、ただ、与えてさえいればよいというわけにはいきません。

植物が水を必要とすることは、だれでも知っているはずです。うっかり水やりを忘れて株をしおれさせたり、枯らしてしまうという体験はほとんどの方がされていることでしょう。

間違いやすい水やり例

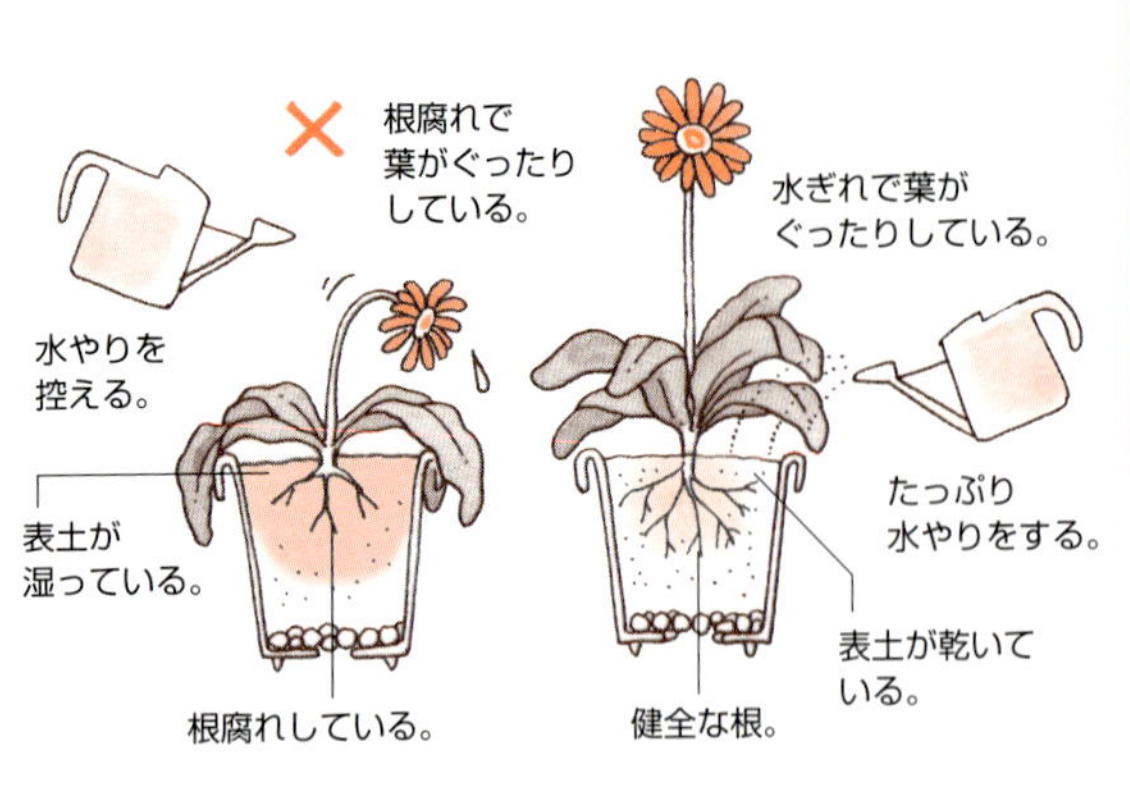
×
根腐れで
葉がぐったり
している。
水やりを
控える。
表土が
湿っている。
根腐れしている。
水ぎれで葉が
ぐったりしている。
たっぷり
水やりをする。
表土が乾いて
いる。
健全な根。

そのためか、初心者がおかす水やりの失敗で最も多いのは、意外なことに水やりを忘れたことによるものではありません。なんと、水の与えすぎによる根腐れなのです。

植物の根は水分や養分を吸い上げる活動をすると同時に、呼吸活動も行っています。ところが、水を与えていれば安心とばかり、鉢土がまだ湿っているのに水を与え続けると、用土が常に水浸し状態となり、根は呼吸ができなくなって枯れてしまいます。そこにフィトフィトラ菌という腐敗菌がとりつき、ますます根の状態が悪化します。これが「根腐れ」です。

根腐れを起こしかけた根は水を吸い上げることができませんから、葉はしおれてきます。これを見ると、まだ水が不足しているのかと判断してしまい、また水を与えます。そこでいよいよ根腐れが進行し、ついには回復不可能になってしまうというのが、初心者によくある失敗例なのです。

水やりを行うタイミング

それでは、水やりはどんなタイミングで行えばよいのでしょうか。何日に1回与えればよいというような画一的な答えはありません。それというのも、同じ植物でも、植物の状態、季節、用土の種類、置き場所などによって、用土の乾き方はすべて異なるからです。

そこで昔から「水やり3年」といわれるほど、この判断は難しいのですが、要は鉢土が八分どおり乾いてきて、植物の根が水分をほしがったときに与えるのが、最も効率のよい水やりということになります。

ただし、鉢の内部を見ることはできないので、「鉢土の表面が白っぽく乾いたとき」を一応の目安とします。

もちろん植物によって、水を好むものは白っぽく乾きかけたらすぐに、反対に多肉植物など乾燥を好むものは白っぽく乾いてから、さらに1～2日待って与えるといった加減が必要です。

水やりを行うときの注意点

●与えるときはたっぷりと

水を与えるときは、鉢底から余分な水が流れ出るまで、たっぷりと与えてください。無駄なように思えるかもしれませんが、こうすることで、容器の中の古い空気が追い出され、新しい空気が流れ込んで根の呼吸作用を活発にする効果があるからです。

根が回りきった鉢や用土が乾ききった状態のときは、たっぷり与えたつもりでも、1回の水

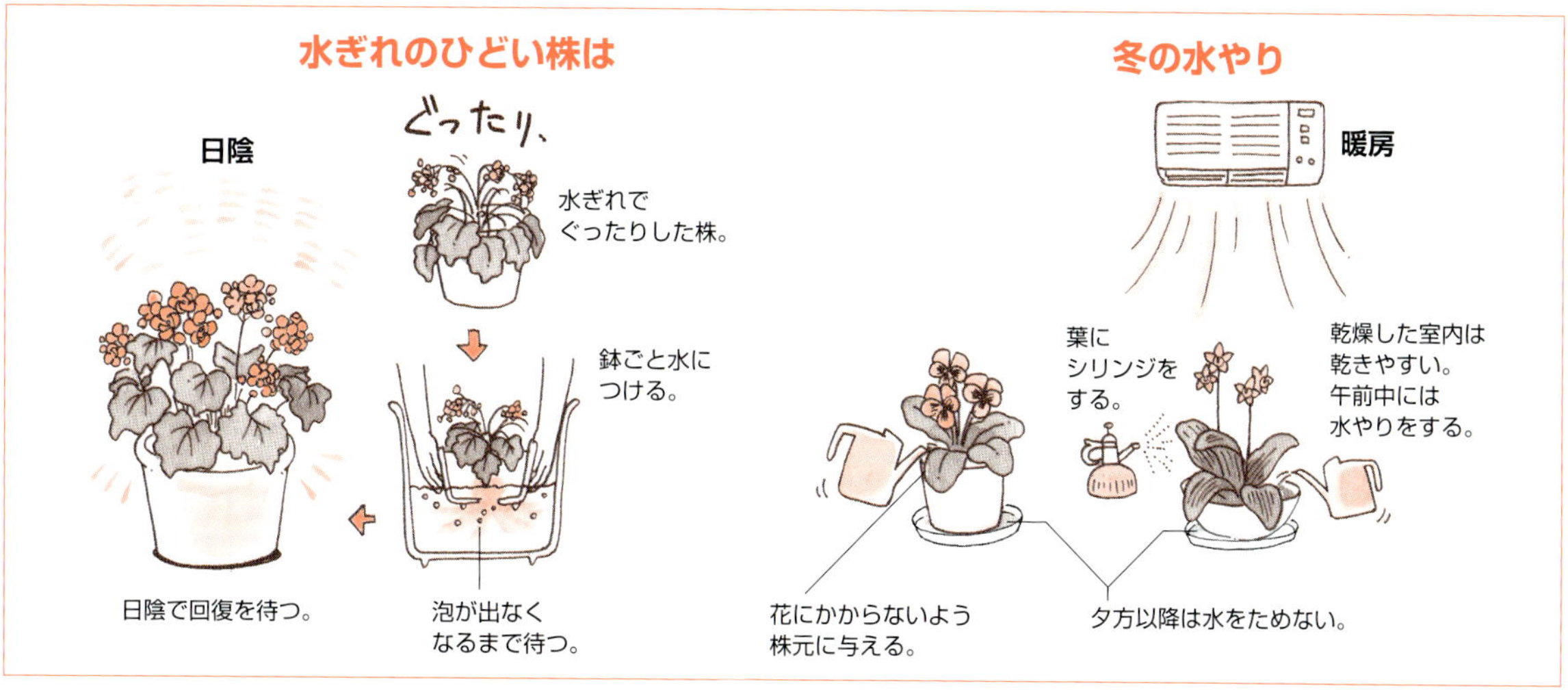
水ぎれのひどい株は
日陰
ぐったり。
水ぎれで
ぐったりした株。
鉢ごと水に
つける。
日陰で回復を待つ。
泡が出なく
なるまで待つ。
冬の水やり
暖房
葉に
シリンジを
する。
乾燥した室内は
乾きやすい。
午前中には
水やりをする。
花にかからないよう
株元に与える。
夕方以降は水をためない。

やりでは用土全体に行き渡りません。少し時間をおいてから、もう一度たっぷりと与えます。

●ひどく水ぎれした株は水中につける

さらに用土がからからに乾き、葉がしおれかけた状態のときには、応急処置が必要です。バケツにたっぷりと水を張り、鉢ごとすっかり水中につけます。ぶくぶくと泡が出てきますが、泡が出なくなるまで待って引き上げ、日の当たらない場所で回復を待ちます。

●開花中の鉢には、頭からは水をかけない

花のない時期の水やりは、頭からかけてよいのですが、開花中の水やりは、鉢土に静かに注ぐようにします。花に水がかかると、しみが出たりして花の寿命が短くなりますし、また、季節によっては灰色かび病などが出やすくなるからです。

●底面給水鉢への水やりは

鉢の底部に貯水タンクをとりつけ、鉢底から水を吸い上げる方式の鉢を底面給水鉢といいます。常に下から水が供給されますから、アジサイなど水ぎれを起こしやすい植物にはうってつけです。底面給水鉢への水やりは、用土の上からは行いません。貯水タンクの水がきれかけたとき、タンクの注水口に静かに注いでやります。

●室内やベランダでは葉水を与えるのも大切

雨の当たらないベランダや室内栽培では、空中湿度が不足するため、つぼみが落ちたり、ハダニ類が発生しやすくなりがちです。そこで、ときおり、霧吹きを使って株全体に霧水を吹いてやりましょう。この場合、葉の裏にも霧水がかかるようにします。こうした葉水は、葉からの蒸散作用を抑え、根から吸い上げる水分供給とのバランスを保つ効果があるため、植物を生き生きとさせます。

季節別・水やりの注意点

春・秋　春から初夏にかけては、植物が盛んに生育する時期ですから、水も十分に与えます。秋は、10月までは十分に与えますが、その後は気温が低下するにつれ、生育も鈍ってくるので、少しずつ水も控えていきます。

梅雨時　できるだけ雨の当たらないところで管理します。晴天の日が少ないので過湿にならないよう注意し、鉢土の表面が乾くのを待って与えます。

夏　できるだけ朝のうちに行います。日中の水やりは、鉢内が蒸れるおそれがあるので原則として行いません。ただし、しおれてきた場合は日陰に移して十分に水を与えます。夕方の水やりは、葉が大きくなりすぎたり徒長したりするので、できるだけ朝になるのを待って与えてください。

冬　夕方に与えるのは禁物です。なるべく暖かい昼前後に行い、夕方までに余分な水が鉢底の穴から排出されるようにしましょう。余分な水が夜になるまで鉢内に残っていると、凍って根を傷めてしまうからです。朝のうちに与えるときは、水道の水をそのまま与えるのではなく、一晩、室内にくみおきしておいた、あたたかい水を与えたいものです。

効果的な肥料の与え方

肥料の働き

植物が生長していくには、日光や水のほかにさまざまな養分が必要です。光合成を行うことで、炭水化物をつくりだすことはできますが、それ以外の必要な要素は直接、根や葉から吸収し、体内にとり入れる仕組みとなっています。

これらの必要な要素のうち、特に多く必要とするのが窒素、リン酸、カリの三成分なので、この3つを肥料の三大要素と呼んでいます。

窒素（N）は葉や茎の生長に欠かせない養分で、不足すると葉色は薄くなり、生育も悪くなります。ただし、多すぎると茎や葉ばかりが徒長して、軟弱な株となり、花つきが悪くなりますから、主として生育の初期段階で特に必要とされる肥料成分です。

肥料の三大要素の効果

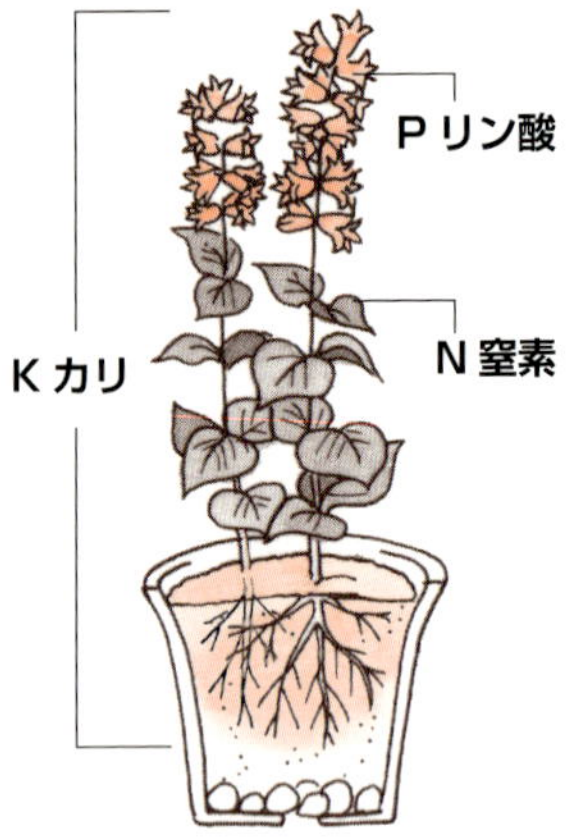

リン酸（P）は花や実をつけるために必要な成分で、細胞づくりに欠かせません。不足すると花つきが悪くなり、葉色も悪くなります。

カリ（K）は植物体全体の組織を丈夫にする働きがあります。不足すると寒さに対する抵抗力が落ちたり、病気にも弱くなります。

このほか、カルシウムやマグネシウムなども肥料として必要とされる成分です。

●微量要素とは

右にあげた5つの要素が肥料成分と呼ばれているものですが、このほかにも、ごく少量でよいのですが、植物の生理を活性化させるうえで欠かせない要素として、鉄やマンガン、亜鉛、ホウ素などいくつかの元素があります。これらを微量要素と呼んでいます。園芸店で活力剤として市販されているものが、この微量要素です。最近は微量要素入りの肥料も多く出回るようになりました。

元肥と追肥

肥料の与え方としては、植えつけるときに土に混ぜておく「元肥」と、生育の途中に与える「追肥」とがあります。

元肥は植物の初期生長を助けるもので、鉢植えの場合は、一度施すと数ヵ月にわたって肥料効果が持続する緩効性化成肥料（マグァンプKなど）が多く利用されています。市販されている鉢花の多くは、元肥が入っているので、買ってきてしばらくは肥料を施さなくても元気に育ち、花も次々と咲き上がります。

1ヵ月ほどたって、この元肥の効果が徐々に薄れ、肥料成分が不足してきたときは、追肥を施さなければなりません。

追肥には水にといて与える液肥と、鉢土の上に置く置き肥とがあります。液肥はすぐに根から吸収される速効性の肥料ですが、効果は持続しませんから、7〜10日に1回といった割合で、頻繁に与える必要があります。

これに対し、置き肥はいちいち水で薄めて与えるのが面倒な場合に、固形や粒状の肥料を鉢土の上に置く施し方で、水やりをする度に肥料成分が少しずつとけだし、用土の中にしみ込んで根から吸収されます。効果が持続するので、30〜40日に1回与えるようにします。

有機質肥料か？ 化成肥料か？

肥料には多くの種類がありますが、大別すると、天然の動植物を素材とする有機質肥料と、化学合成した物質で構成した化成肥料とに分けられます。

●有機質肥料の長所と短所

有機質肥料は、古くから使用されてきたもので、主なものに油かす、魚粉、鶏ふん、骨粉、草木灰などがあります。それぞれ、含有する肥料成分の割合に差がありますが(油かすは窒素成分が多く、鶏ふんや骨粉はリン酸分が多い。草木灰はカリ肥料)、いずれも施してすぐには効きません。土壌微生物によって無機質に分解され、ようやく根から吸収される形となります。つまり、遅効性肥料です。

長所としては、一度には効かないので、多少分量を多く与えても根を傷める心配は少なくてすみます。また、土壌微生物の働きを高めるため、土を疲弊させないという長所があります。

欠点は、分解する段階でにおいを発し、ハエがわきやすいといったことで、室内やベランダ園芸には不適です。

肥料のいろいろ

液体肥料

緩効性
化成肥料

●化成肥料の長所と短所

化学的に合成された無機質肥料なので、水などにとけるとすぐに根から吸収されます。つまり速効性肥料ですから、必要なタイミングに追肥として使用すると、たいへん効果的です。また、緩効性化成肥料といって、施しても一度には成分がとけ出さず、長期間効果が持続するよう工夫されたものもあります。近年、家庭園芸用肥料としては、むしろ後者が主流となってきています。

化成肥料は無臭ですから、室内やベランダで使用するのに適しています。成分量がはっきりと計算できるため、施肥計画が立てやすいのも長所です。

ただし、常用すると土を疲弊させてしまうという欠点もあります。

肥料成分を確かめて使用すること

市販されている肥料には、必ず成分量と使用法が表示されています。たとえばN-P-K=10-10-10とあれば、窒素、リン酸、カリがそれぞれ10%ずつ含まれていることを示しています。これを見れば、どんな性質の肥料であるかがわかりますから、必ず確かめて、目的に合った肥料を使用することが大切です。

N、P、Kの合計が30%以上のものを高度化成肥料といい、それ以下のものを低度化成肥料といいますが、家庭で使用する肥料としては低度化成肥料が安全です。

●濃い肥料より、薄い肥料を何度も与える

肥料成分は水溶液の形になって根から吸収されます。肥料成分が濃すぎると、「青菜に塩」の理屈で、逆に根の水分が奪われてしまうため、根を傷めてしまいます。これが肥やけと呼ばれる現象です。

肥料成分は薄いほど根からよく吸収されます。ですからたとえば液肥を与えるときも、規定の濃度で7~10日に一度与えるよりも、規定濃度よりさらに2倍に薄めたものを3~5日に一度、水やりがわりに与えたほうが効果的です。

肥料の与え方

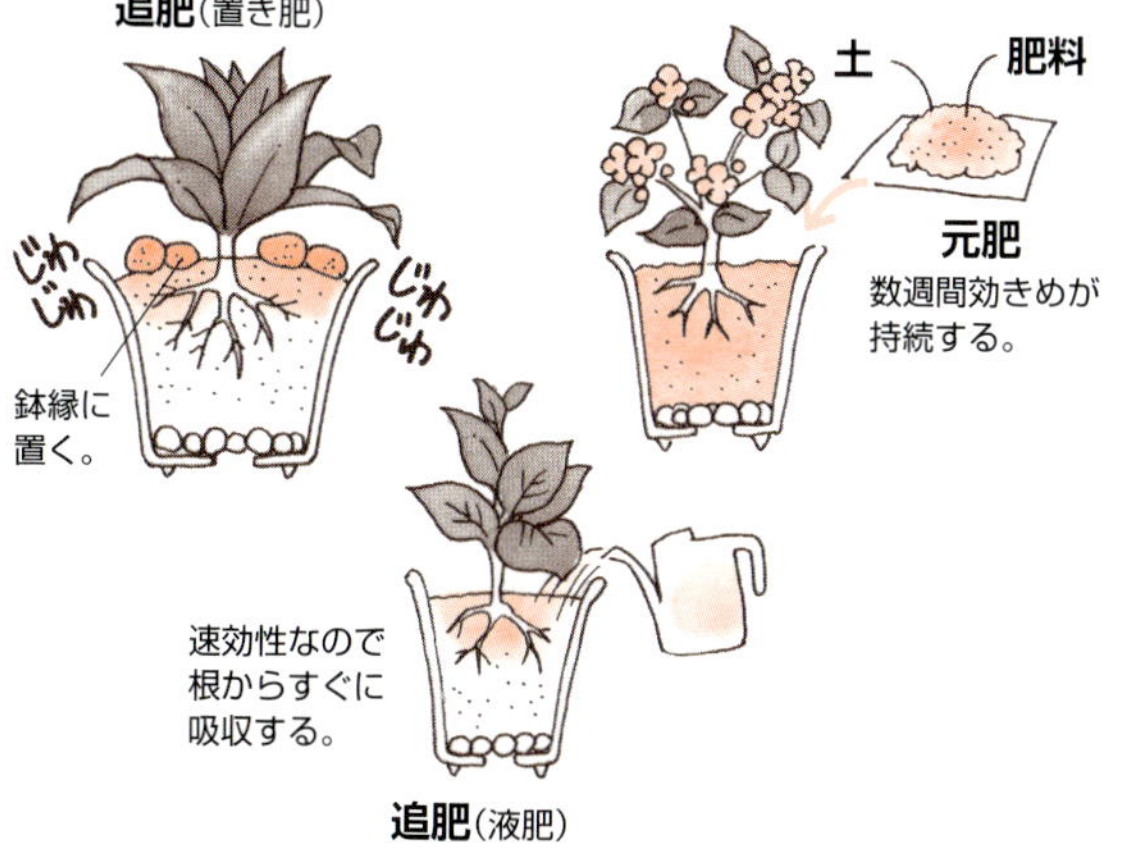

摘芯、花がら摘み、切り戻し

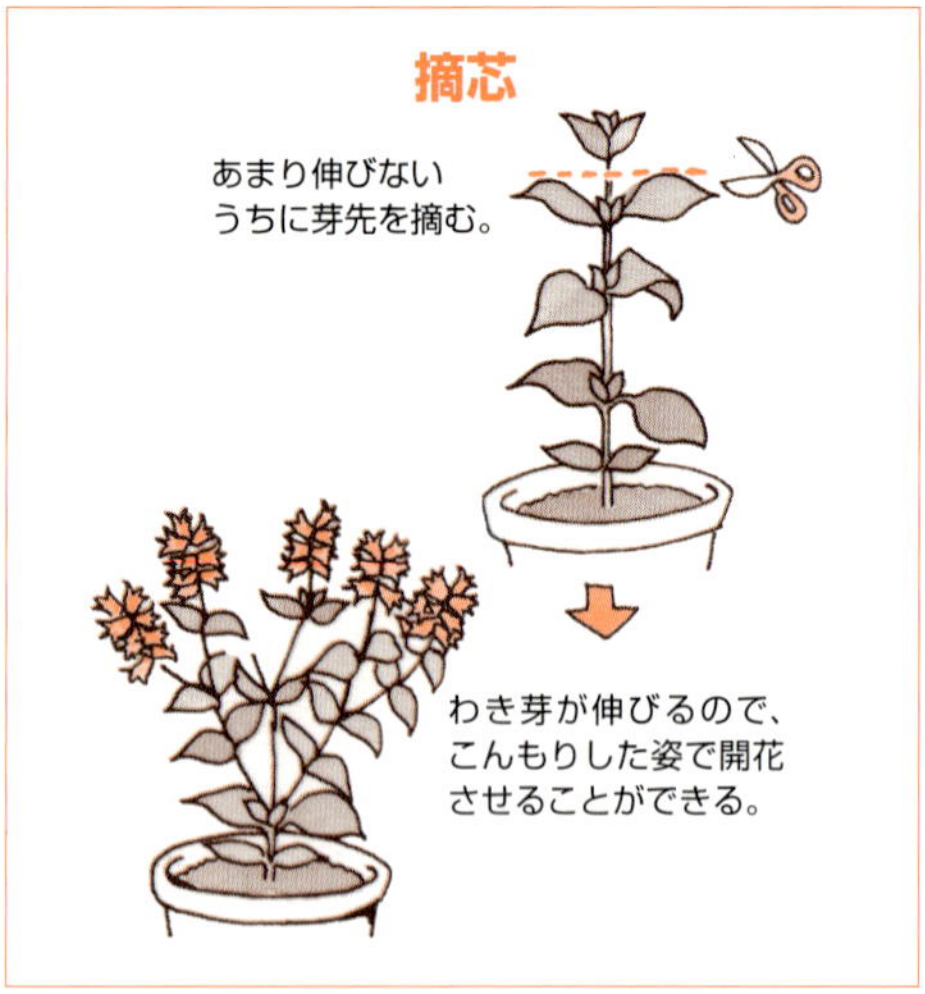

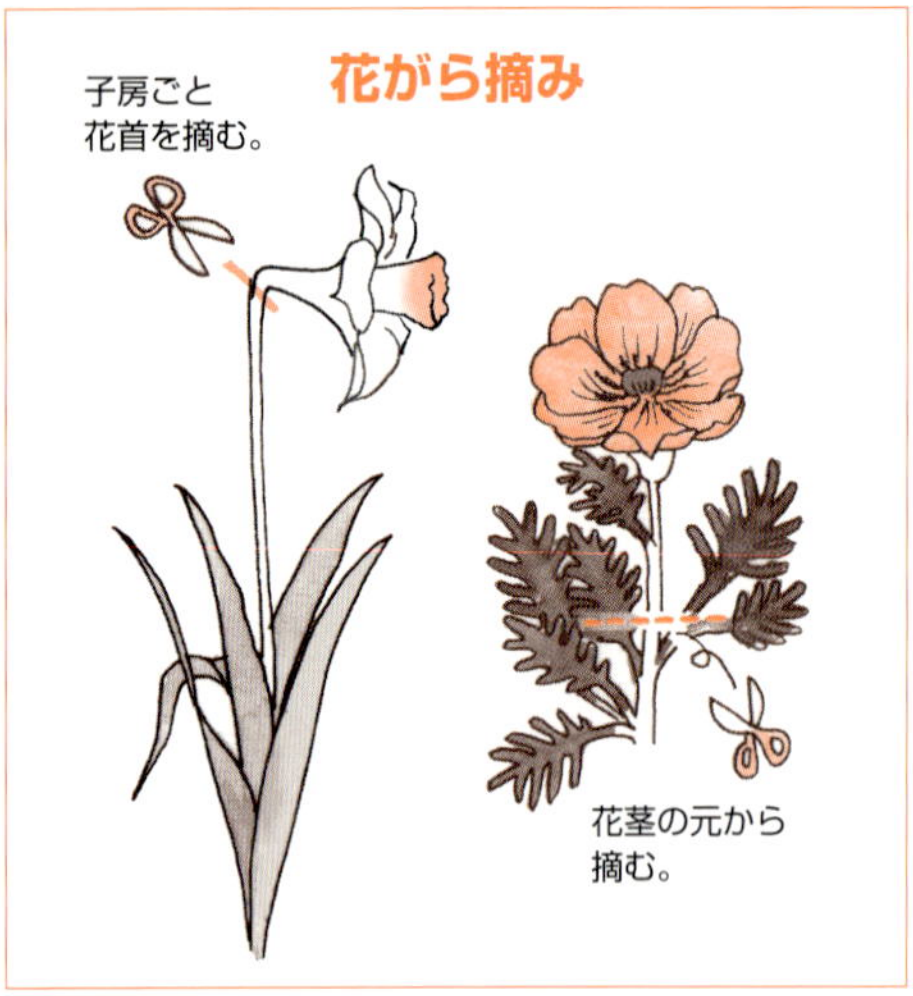

摘芯をして、よい株姿に育てる

購入した鉢花も手入れしだいで、長く楽しむこともできれば、早期に寿命を迎える結果ともなります。

まずは、生長しながら次々と花を咲かせるペチュニア、ポーチュラカ、宿根バーベナなどは、早い段階で摘芯をしましょう。植物には頂芽優勢という性質があり、ほうっておくと茎や枝先だけが上へ上へと伸びていくだけで、下枝はあまり伸び出しません。その結果、ひょろひょろと間伸びしただらしのない姿に育ってしまいがちです。

摘芯とは、勢いよく伸びてきた茎の先端を摘みとる作業です。こうすることで、下方の葉腋からわき芽が発生しやすくなり、枝数がふえて、こんもりとしたよい姿になります。

花がら摘みで、株の勢いを保つ

植物は花をつけたあとにタネを結びます。これをほうっておくと、養分はタネの成熟に向けられてしまい、その結果、株は老化して弱り、開花期も短くなってしまいます。

そこで、株の勢いを保ち、少しでも長い間よい花を咲かせたいならば、追肥を与えるだけでなく、こまめに咲き終わった花がらを摘みとって、タネを結ばせないようにしましょう。それには、咲き終えてしおれかけた花弁だけをとるのではなく、タネができる子房の部分まできちんと摘んでやることです。

しおれた花をそのままほうっておくと、見た目に悪いばかりか、ボトリチス病などの原因ともなります。

●種類別・花がらの摘み方

アネモネ、ガーベラ、シクラメン、デージーなどは

株元から花茎が伸びて、花茎の先にひとつの花を咲かせるタイプは、咲き終えたら花首だけではなく、花茎の根元から切りとります。シクラメンは花茎をひねりながら引っ張ると、つけ根からきれいにはずせます。

しかし、このタイプの咲き方をするものでも、スイセン、チューリップ、ヘメロカリス、ユリなどは子房ごと花首を摘みとるようにし、まだ緑色の花茎は多くの養分を含んでいるので、黄ばんで枯れてくるまで残します。

パンジー、マリーゴールド、マーガレットなどは

茎の先端やわき枝から花柄を伸ばして花をつけるタイプは、咲き終わった花から順に、花柄ごと摘みとります。

アガパンサス、プリムラ類、ベゴニア、

ゼラニウム、クンシランなどは

花茎の先に多数の花をつけるタイプは、咲き終えた花を順に子房ごと摘みとり、花茎の花が全部咲き終えたら花茎の元から切りとります。

サルビア、ヒヤシンス、リアトリスなどは

花茎の先に花穂をつけ、花穂の下から順に咲いていくタイプは、こまかい作業ですが咲き終えた下方の花からこまめに摘みとります。全部咲き終わったら花茎をしごいて花がらをとり除きますが、花茎は残しておきます。花茎を切ると、そこから雨水が入り、病気の原因となることがあります。

アザレア、サツキ、ツツジ、シャクナゲ、ツバキなどは

花弁が落ちても子房が枝に残りますから、残った子房をできるだけ早めに摘みとります。

同じ花木類でも、小型の花を多数つけるエリカ、ギョリュウバイなどは、咲き終わったころに枝先ごと切り戻します。

切り戻しをして乱れた姿を仕立て直す

切り戻しは剪定法のひとつです。古い枝を切り詰め、元気な新しい枝を出させることが目的で、枝が伸びすぎて姿が悪くなった草花や花木類の仕立て直しに、用いられる手法です。

インパチェンス、サルビア、ジニア、ペチュニア、ベゴニア・センパフローレンス、マリーゴールドなど、生長を続けながら次々と花を咲かせるタイプの草花は、夏になると茎や枝が長く伸びて、姿が乱れてきます。

この時期になると、咲き疲れで株も弱り、ハダニなど病害虫も目立つようになります。そこで、梅雨が明けるころ、いったん、茎や枝を短く切り詰めます。同時に速効性の肥料を施して、株の疲れを回復させるよう努めます。このとき、薬剤散布も行うとよいでしょう。

株の勢いが回復すると、わき芽が伸び出し、コンパクトな姿をとり戻し、秋になるとまたよい花が咲きだします。

アジサイやクチナシ、ツツジ類、ツバキなどは、夏から秋口にかけて花芽ができるので、花が終わったらできるだけ早めに切り戻し、剪定をすませてください。夏に入ってから切ったのでは、その後に伸び出す新梢が花芽ができる時期までに充実せず、花芽ができないことが多いからです。

四季咲き性のあるミニバラは、咲き終わった花はそのつど、その下にある五枚葉の上で切り戻します。花のすぐ下にある三枚葉の上で切っても、よい新芽は出てこないので注意します。

切り戻し

夏に入って株が弱ってきたら、半分くらいに短く切り詰めて乱れた姿を作り直す。

全体の上$\frac{1}{3}$くらい切り詰める。

花の２節下で切り戻す。

はじめての
鉢花園芸
基礎知識

病害虫の防除

鉢花の場合も、病害虫は悩みの種。集合住宅のベランダなどでは、薬剤散布もしにくいはず。まずは、病気や害虫が発生しにくいような育て方を考えましょう。

健全な株に育てるとともに、病害虫の出にくい環境を整えよう

病気も害虫も、生育の思わしくない株に出やすく、しっかりと生育している株の場合は、あまり被害は受けません。逆に青々と元気に育っているように見えても、窒素過多などで枝葉が軟弱に育った株は、被害を受けやすいものです。

また、多くの場合、日照が不足したり風通しが悪いと、病害虫が発生する原因となります。栽培棚の上に鉢を並べるときは、鉢と鉢との間隔を十分とって採光、通風をよくするといった配慮が必要です。庭土の上に直接鉢を置いたりするのも、土はねにより病菌が伝染したり、鉢底から害虫やナメクジなどが侵入しやすいので避けましょう。

薬剤散布の仕方

スプレー式は
30cm以上離して
散布する。

早期発見が何より大切

病気も害虫も、症状が目立つようになったときは、被害はだいぶひどくなっているので、回復させるのはたいへんですし、ほかの株にも広がっているケースが多いものです。こうなってから対策に苦労するより、日ごろから植物の状態をよく観察します。そうした習慣をつけておけば、初期の段階で発生を見つけることができるので、それぞれの病気や害虫に効果のある薬剤を散布することで、比較的、簡単に処置することができます。

病気には予防散布で対処すること

害虫に対しては、殺虫剤で駆除できますが、病気の場合、被害の出た葉や茎を元の状態に戻すことはできません。発生した病気に適応する殺菌剤を使って、それ以上周囲に病気が広がるのを防ぐしかありません。害虫は駆除、病気は予防と心得ておきましょう。

最も賢明なのは、病気が出やすい時期を迎えたら、あらかじめ予防散布をしておくことです。いったん症状が出たときは、薬剤も何度か散布する必要がありますが、予防散布をすれば、1回で効果がありますから、薬剤の使用回数を減らす効果もあるわけです。

環境を考慮した薬剤散布の仕方

近年は環境への関心が深まっています。家庭園芸においても、殺虫剤や殺菌剤を使用するにあたっては、人間やペットなどの健康面に及ぼす影響について、細心の注意を払う必要があります。

もちろん薬剤を使わずにすめば、それに越したことはありません。さいわい、鉢花は管理しやすいので、害虫などはできるだけ手で駆除するといった方法をとりたいものです。

しかし、鉢花の種類によっては、どうしても薬剤の散布が必要となるものもあります（バラの黒星病、クリスマスベゴニアのうどんこ病など）。絶対に使わないというのではなく、健康に注意を払って、最小限の散布ですむよう心がけるようにしましょう。

なお、市販の家庭園芸用薬品には、その薬がどんな害虫や病気に効果かあるかが記載されているだけでなく、どんな植物に対して使用すればよいかが明記されています。適用する植物以

市販薬剤のいろいろ

殺菌・殺虫剤

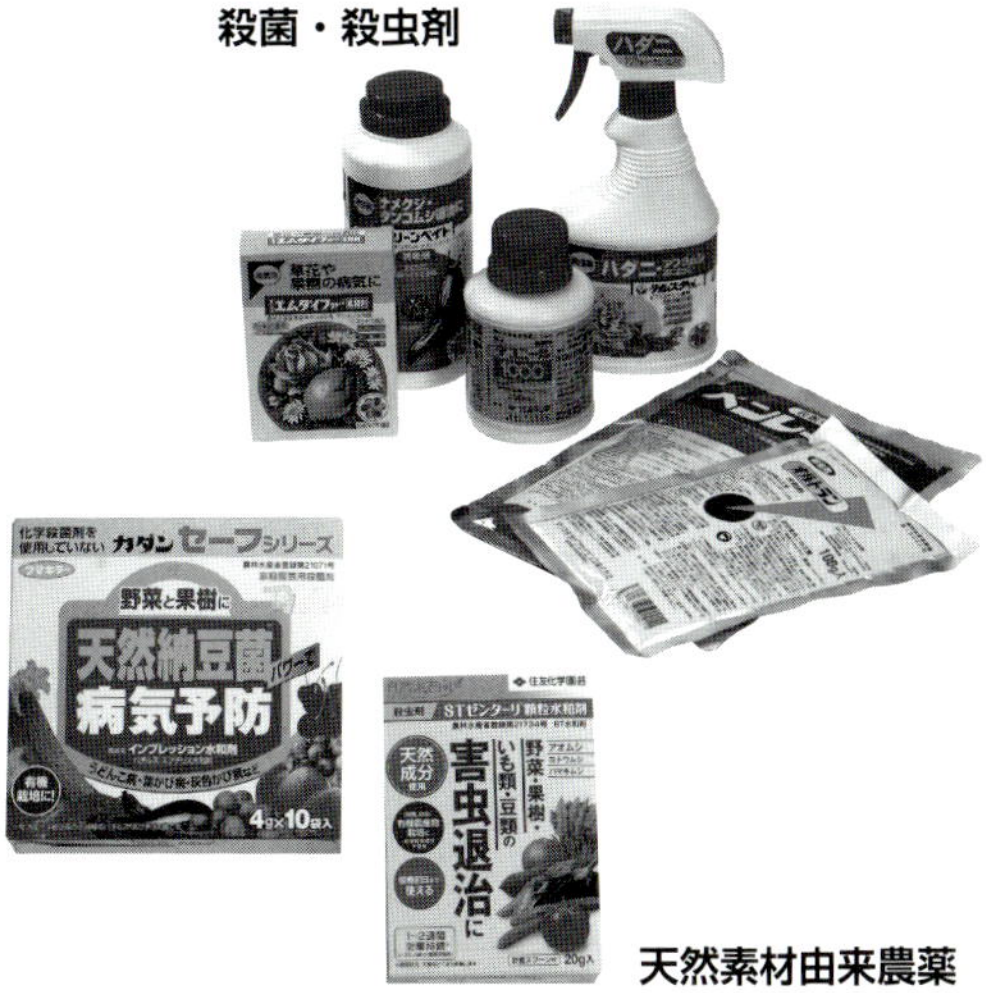
カダン セーフシリーズ
野菜と果樹に
天然納豆菌
病気予防
野菜・果樹・いも類・豆類の
害虫退治に

天然素材由来農薬

ベランダでの消毒

ポリ袋の口を閉じかげんにしてノズルを差し込む。
大きなポリ袋の中に鉢を入れて飛散を防ぐ。

外には、絶対使用しないよう注意しましょう。薬剤を散布するときは、霧状となった薬剤を吸い込んだり、皮膚にふれたりしないよう、マスクをかけ、長袖シャツを着るなど、くれぐれも注意します。また、風のある日には行わないようにしましょう。ベランダなどで、近隣に薬液が飛散するのを防ぐには、大きなポリ袋の中に鉢を入れ、口を閉じかげんにして、散布機のノズルだけを差し込んで散布します。

散布作業をしたあとは、すぐに手を洗う、シャワーを浴びるなどして体に付着したかもしれない薬品を洗い落としておきます。

主な病気

灰色かび病（ボトリチス病）　花やつぼみ、葉、新芽などが水がしみたようにやわらかくなって腐り、やがて灰色のかびが生えてきます。多湿で風通しが悪く、比較的低温の時期に発生します。

うどんこ病　新芽や若葉、つぼみなどが白い粉をまぶしたようになり、やがてその部分が縮れたり枯れたりします。日照不足などで軟弱に育ったものに出やすい病気です。

斑点病（黒斑病、褐斑病、黒点病など）　葉に大小の斑点ができて広がり、やがて落葉します。これらの病気に対しては、ベンレート、オーソサイド、トップジンＭ、サプロールなどの殺菌剤を、適用する植物にのみ散布します。なお、バラの黒星病にはサプロールが特効薬です。しかし、葉にまだらの病斑がぼんやりとあらわれるバイラスと呼ばれる病気だけは、ウイルス性の病気なので薬剤では治りません。見つけしだい抜きとって焼却し、古い用土や鉢は使用しないようにします。

主な害虫

アブラムシ　新芽やつぼみなどに群棲して汁液を吸うため、葉が縮れたりして生育をそこねます。ただし、殺虫剤には弱いので、マラソン乳剤やスミチオン乳剤など低毒性の薬剤で簡単に駆除できます。鉢花でしたら、指先でつぶしてしまうこともできます。

ハダニ類　葉裏につく、ごく小さな節足動物で、汁液を吸います。微細な白い点がかすり状となって葉一面に広がり、やがて落葉します。乾燥が続くと発生しやすいので、軒下やベランダなど、雨の当たらない場所で多発します。昆虫ではないため、普通の殺虫剤では効きません。専用の殺ダニ剤で対処しますが、水に弱いので、葉裏から強い水を吹きかけてやれば落ちてしまいます。

カイガラムシ　葉裏や茎、枝のつけ根などに付着して汁液を吸い、生育を阻害します。いろいろな種類があり、成虫の大きさや色はさまざまですが、多くはロウ質の殻をまとうため、殺虫剤を散布しても、ほとんど効果がありません。古歯ブラシなどでこそぎ落とすのがいちばんでしょう。

索引

ア行

カ行

サ行

表紙デザイン　大藪 胤美(フレーズ)
本文デザイン　岩上 トモコ
写真　株式会社アルスフォト企画
撮影協力　浜崎 雅子
イラスト　福本 えみ
編集協力　株式会社アルスフォト企画
ニシ工芸株式会社
編集デスク　八木 國昭(主婦の友社)

主婦の友新実用ＢＯＯＫＳ

「園芸店《えんげいてん》で買《か》った花《はな》」をすぐ枯《か》らさない知恵《ちえ》とコツ

編　者　主婦の友社
発行者　荻野善之
発行所　株式会社主婦の友社
〒101-8911　東京都千代田区神田駿河台2-9
電話　03-5280-7537(編集)
03-5280-7551(販売)
印刷所　大日本印刷株式会社

■乱丁本、落丁本はおとりかえします。お買い求めの書店か、主婦の友社資材刊行課(電話03-5280-7590)にご連絡ください。
■内容に関するお問い合わせは、主婦の友社(電話03-5280-7537)まで。
■主婦の友社が発行する書籍・ムックのご注文は、お近くの書店か主婦の友社コールセンター(電話0120-916-892)まで。
＊お問い合わせ受付時間　土・日・祝日を除く　月～金　9:30 ～ 17:30
主婦の友社ホームページ　http://www.shufunotomo.co.jp/

ISBN978-4-07-287852-1

ち－041008